Angela Klein

Hypnose in der Psychotherapie

Grundlagen und Anwendungen in der Praxis

disserta
Verlag

Klein, Angela: Hypnose in der Psychotherapie. Grundlagen und Anwendungen in der Praxis, Hamburg, disserta Verlag, 2018

Buch-ISBN: 978-3-95935-418-9
PDF-eBook-ISBN: 978-3-95935-419-6
Druck/Herstellung: disserta Verlag, Hamburg, 2018
Covermotiv: Pixabay.com

Bibliografische Information der Deutschen Nationalbibliothek:
Die Deutsche Nationalbibliothek verzeichnet diese Publikation in der Deutschen Nationalbibliografie; detaillierte bibliografische Daten sind im Internet über http://dnb.d-nb.de abrufbar.

© disserta Verlag, Imprint der Diplomica Verlag GmbH
Hermannstal 119k, 22119 Hamburg
http://www.disserta-verlag.de, Hamburg 2018
Printed in Germany

Inhaltsverzeichnis

1. Einleitung

„Kein Problem kann auf der Bewusstseinsebene gelöst werden, auf der es entstanden ist.“

Albert Einstein (1879–1955)

Dieses Zitat des Physikers Albert Einstein untermauert die Tatsache, dass es zur Lösung von psychischen Problemen neuer Problemlösestrategien bedarf. Die Hypnose[1] als Methode in der Psychotherapie bietet die Möglichkeit, einen veränderten Bewusstseinszustand hervorzurufen (vgl. Pipam 2007, S. 99), in dem neue Denk- und Verhaltensweisen rasch erlernt werden können (vgl. Signer-Fischer 2012, S. 243). Sie ist ein altes und zeitgemäßes Heilverfahren zugleich, das eine Verbindung zwischen Körper und Seele schafft. Innerhalb der Psychotherapie verbindet sie lösungsorientierte und psychodynamische Ansätze mit geringem Aufwand (vgl. Revenstorf/Peter 2015a, S. XIII). Im Verlauf der letzten 25 Jahre ist die klinische Hypnose in den deutschsprachigen Ländern zu einem integralen Bestandteil der psychotherapeutischen Versorgung geworden (vgl. Peter 2015a, S. 7).

Psychische Erkrankungen sind in Deutschland weit verbreitet, wie aktuelle Zahlen anschaulich machen. Bei Einschluss aller Krankheitsschweregrade hat bei Erwachsenen zwischen 18 und 79 Jahren im Rahmen des Gesundheitsmonitorings des Robert Koch Institutes (RKI) nahezu jede vierte männliche (22,0 Prozent) und jede dritte weibliche (33,3 Prozent) Person im Erhebungsjahr zumindest zeitweilig unter voll ausgeprägten psychischen Störungen gelitten. Für die 18- bis 79-jährigen Erwachsenen in Deutschland liegt die geschätzte Gesamtprävalenz bei 27,7 Prozent (vgl. Robert Koch Institut 2012).

Die durchschnittliche Wartezeit von drei Monaten auf einen ambulanten psychotherapeutischen Behandlungsplatz (vgl. Bundespsychotherapeutenkammer 2011) zeigt, dass ein Ungleichgewicht zwischen Therapiebedarf und -angebot besteht (vgl. Bundespsychotherapeutenkammer 2017), obwohl vergleichsweise wenige Menschen mit psychischen Störungen psychotherapeutische Hilfe in Anspruch nehmen. Der Anteil liegt Untersuchungen zufolge schätzungsweise bei 3,1 bzw. 1,7 Prozent der Versicherten (vgl. Multmeier/Tenckhoff 2014, S. A438).

Aufgrund der langen Wartezeit erhöht sich die Wahrscheinlichkeit, dass sich psychische Erkrankungen bei den betroffenen Personen verschlimmern oder chronisch werden. Die ambulante psychotherapeutische Versorgung in Deutschland kann aktuell eine kürzere Wartezeit nicht annähernd gewährleisten (vgl. Bundespsychotherapeutenkammer 2011). Es

---

[1] Das Wort „Hypnose“ wird in der Regel sowohl für den Zustand als auch für die Methode verwendet.

herrscht jedoch kein Mangel an Psychotherapeuten[2], sondern es gibt zu wenige Psychotherapeuten mit Kassenzulassung (vgl. Bundespsychotherapeutenkammer 2017).

In der heutigen psychotherapeutischen Versorgungsrealität hat die Kurzzeittherapie (vgl. Stein/Köllner 2012, S. 1), die bis zu 24 Therapieeinheiten umfasst (vgl. Kassenärztliche Vereinigung Hamburg 2017) einen festen Stellenwert (vgl. Stein/Köllner 2012, S. 1). Jürgen Margraf, Professor für Klinische Psychologie und Psychotherapie an der Ruhr-Universität Bochum, vertritt die Ansicht, dass Kurzzeittherapie ein Mittel darstellen könne, um die ambulante psychotherapeutische Versorgung in der Bevölkerung zu verbessern (vgl. Köllner/Margraf 2012, S. 90). Zwei Drittel aller Psychotherapie-Patienten erhalten nach einer Analyse der Kassenärztlichen Bundesvereinigung (KBV) eine Kurzzeittherapie (vgl. Multmeier/Tenckhoff 2014, S. A438 ff.).

Dennoch zeigt die Tatsache, dass die psychotherapeutische Versorgung zum 1. April 2017 einer umfangreichen Strukturreform unterzogen wurde, um Patienten dadurch einen zeitnahen und niedrigschwelligen Zugang zur Psychotherapie zu ermöglichen (vgl. Kassenärztliche Vereinigung Hamburg 2017), dass zeitnahe Therapieplätze weiterhin Mangelware sind. Der klinischen Hypnosetherapie, die im Allgemeinen als eine Kurzzeittherapie gilt (vgl. Woitowitz et al. 1999, S. 9 ff.), kommt somit eine mögliche Bedeutung hinsichtlich der psychotherapeutischen Versorgung zu. Aufgrund ihrer überschaubaren Behandlungsdauer stellt die klinische Hypnose zudem eine kostengünstige Behandlungsform dar (vgl. Scholz 2005, S. 27 ff.).

Angesichts des breiten Spektrums an psychischen Störungen, psychosomatischen Störungen, somatopsychischen Störungen und psychisch bedingten körperlichen Krankheiten, die mit Psychotherapie behandelt werden (vgl. Senf/Broda 2011, S. 5), stellt sich die Frage: Welchen Nutzen bringt die Hypnose in der Psychotherapie?

Der Beantwortung dieser Forschungsfrage widmet sich das vorliegende Buch. Eine hohe Wirksamkeit konnte in mehreren Hundert systematischen Untersuchungen zur Effektivität der klinischen Hypnose in unterschiedlichsten Bereichen nachgewiesen werden (vgl. Schmidt 2016, S. 12 f.). Der klinischen Hypnose kommt nach aktuellem Forschungsstand primär eine bedeutende Rolle bei der Behandlung von Schmerzen und Verhaltensstörungen sowie in der Psychosomatik zu (vgl. Revenstorf 2015b, S. 854). Hypnose in Kombination mit Psycho-

---

[2] Aus Gründen der besseren Lesbarkeit wird der Ausdruck „Therapeut" im Text durchgehend für weibliche und männliche Therapeuten verwendet. Außerdem wird vom „Patienten" gesprochen, auch wenn an mancher Stelle „Klient" besser passen würde. Patient bedeutet hier eine erwachsene Frau oder ein erwachsener Mann, die oder der ein Problem hat, das mit einer Psychotherapiemethode behandelt wird. Gelegentlich werden im Zusammenhang mit genannten Studien die Begriffe „Proband" oder „Versuchsperson" verwendet, womit ebenfalls eine männliche oder weibliche Person gemeint ist, die an der jeweiligen Studie teilgenommen hat.

therapie führt erwiesenermaßen zu kurzen und effektiven Behandlungen (vgl. Kirsch et al. 1995, S. 214 ff.).

Das Hauptziel dieses Buches ist es über Hypnose im Sinne einer Psychoedukation und über einzelne Elemente der Psychotherapie zu informieren, um auf dieser Basis den Nutzen der Hypnose in der Psychotherapie darzulegen. Darüber hinaus sollen dem Psychotherapeuten praktische Anleitungen für die Arbeit mit Hypnose an die Hand gegeben werden. Als drittes Ziel soll dem Leser der aktuelle Forschungsstand zur klinischen Hypnose vermittelt werden. Um diese Ziele zu erreichen, werden deutsch- und englischsprachige Fachliteratur, Fachzeitschriften sowie Studien und Metaanalysen herangezogen, miteinander verglichen und hinterfragt. Aus den entsprechenden Quellen werden Schlussfolgerungen abgeleitet und in einen Zusammenhang gesetzt.

Das Thema des Buches ist an der Schnittstelle mehrerer Forschungsfelder angesiedelt. Dazu zählen die therapeutische Hypnose und Hypnoseforschung, die Prozess-Ergebnis-Forschung innerhalb der Psychotherapieforschung sowie die psychotherapeutische Versorgungsforschung. In diese drei Forschungsfelder gliedert sich das vorliegende Buch ein.

Es richtet sich an Interessierte, die sich über die Hypnose in der Psychotherapie informieren wollen und die ggf. selbst daran denken, eine Psychotherapie zu beginnen, in der Hypnose zum Einsatz kommt. Außerdem wendet sich das Buch an praktizierende Psychotherapeuten, die sich über die Hypnose als Methode in der Psychotherapie informieren und diese ggf. in ihre praktische Arbeit integrieren wollen, um ihre Behandlungen effektiver und schneller zu gestalten. Demzufolge ist das Buch sowohl psychoedukativ als auch anwendungsorientiert geschrieben.

Dementsprechend befasst sich die Kapitelfolge im zweiten Teil mit begrifflichen und geschichtlichen Aspekten sowie mit theoretischen Grundlagen der Hypnose und Hypnotherapie. Im Rahmen dessen werden neben allgemeinen Anwendungsbereichen, in denen die Hypnose zum Einsatz kommt, verschiedene Störungsbilder genannt, die mit Hypnose behandelt werden können. Ebenso wird dem Leser ein Einblick in die Hypnose in den verschiedenen Therapieverfahren verschafft. Des Weiteren werden Gemeinsamkeiten und Unterschiede zwischen der Hypnose und der Achtsamkeitsmeditation dargestellt und die verschiedenen Ansätze der Erickson'schen Auffassung von der Hypnose unterschieden.

Im dritten Kapitel werden zunächst die Begriffe Suggestion, Suggestibilität und Hypnotisierbarkeit definiert, um anschließend den Nutzen der Suggestion sowie die verschiedenen Suggestionsformen zu thematisieren. Ferner wird auf die neurobiologischen Grundlagen der Hypnose eingegangen. Dabei geht es insbesondere um neurobiologische Funktionen und

Aktivitäten im Hypnosezustand, Hypnotisierbarkeit und Gehirnaktivitäten sowie um die Bedeutung des Bindungshormons Oxytocin für die hypnotische Arbeit.

Im Anschluss erfolgt im vierten Kapitel eine Darstellung der hypnotischen Tiefe (Trance). Nach der begrifflichen Definition werden die Trance und einzelne Trancezustände beschrieben. Darüber hinaus werden die klassischen Hypnosephänomene genannt und verschiedene Vertiefungsmethoden vorgestellt.

Kapitel fünf beschäftigt sich mit dem Aufbau und Ablauf einer Therapie mit Hypnose. Darin wird sowohl der Aufbau einer Hypnosesitzung als auch der Therapieverlauf vom Erstgespräch bis zum Therapieende geschildert.

Breiten Raum nimmt Kapitel sechs ein, in dem verschiedene Aspekte der Therapeut-Patient-Beziehung thematisiert werden, die im Mittelpunkt des Kapitels steht. Hier kommt die Bedeutsamkeit der therapeutischen Beziehung für die Therapie zum Ausdruck. Anschließend werden die Ausbildung und die Anforderungen des Hypnosetherapeuten sowie der therapeutische Prozess erläutert.

Das siebte Kapitel dieses Buches widmet sich den Zielen, Vorteilen, Kontraindikationen, Gefahren und Grenzen der Hypnose. Hier wird zwischen Kontraindikationen und Gefahren der Hypnose aufseiten des Patienten und aufseiten des Therapeuten unterschieden. Besondere Beachtung erfahren dabei die Themen Machtmissbrauch und sexueller Missbrauch in der Psychotherapie.

Im achten Kapitel wird die Wirksamkeit der klinischen Hypnose anhand von Thesen erklärt und die Anerkennung sowie Anwendung der Hypnose als Heilverfahren in Deutschland thematisiert. Darüber hinaus wird ein Überblick über den gegenwärtigen Stand der angewandten Forschung zur klinischen Hypnose gegeben. Hierzu werden Metaanalysen zu verschiedenen Indikationsbereichen in der Psychotherapie aufgeführt und als Wirkungsnachweise der Hypnose herangezogen.

Das abschließende Fazit fasst die Ergebnisse dieses Buches zusammen, gibt Antworten auf die Forschungsfrage, zeigt Forschungsdefizite auf und wie diese angegangen werden können und gibt einen kurzen Ausblick über zukünftige Forschungsfelder.

2. Hypnose und Hypnotherapie

2.1 Begriffsdefinitionen

Der Begriff „Hypnose" ist von dem griechischen Wort „hypnos" (= Schlaf) abgeleitet (vgl. Halsband/Herfort 2007, S. 8) und kann definiert werden als ein Zustand mit veränderter Aufmerksamkeit, der meistens mit einer Innenwendung einhergeht (vgl. Revenstorf 2015b, S. 854). Die Hypnose ist eine soziale Interaktion, bei der Patient und Therapeut miteinander interagieren und die mithilfe von Suggestionen beim Patienten einen veränderten Bewusstseinszustand hervorbringt (vgl. Gilligan 2008, S. 15). Zu diesem zählen Erfahrungen der Wahrnehmungsveränderung, Gedächtnisveränderung und der willkürlichen Handlungen (vgl. Kihlstrom 1985, S. 385). In der Therapie werden diese Veränderungen durch den Patienten ausgelöst, wenn er auf Suggestionen (vgl. Kapitel 3.1) des Therapeuten reagiert (vgl. Gilligan 2008, S. 15).

Der Begriff „Hypnose" wird für unterschiedliche Bereiche angewandt. Bei der klinischen Hypnose geht es um die Anwendung auf den verschiedenen therapeutischen Gebieten. In diesem Fall wird von Hypnosetherapie, Hypnotherapie oder Therapie in Trance gesprochen. Für die Anwendung von Hypnose im medizinischen und zahnmedizinischen Bereich wird ebenso der Begriff „klinische Hypnose" verwendet. Geht es um die Anwendung der Hypnose im Forschungsbereich, ist von „experimenteller Hypnose" die Rede (vgl. Peter 2015a, S. 10). Grundsätzlich kann „Hypnose" aufgrund des äußeren Eindrucks, den sie hervorruft (Hypnose als Verfahren), oder aufgrund dessen was sie bewirkt (Hypnose als Wirkung) definiert werden. Unter Wissenschaftlern herrscht dabei Uneinigkeit darüber, welches Erklärungs-modell der Hypnose am nützlichsten ist (vgl. Jensen 2015, S. 63).

Der Begriff „Hypnotherapie" kann als die Anwendung hypnotischer Trance und hypnotischer Phänomene in der Psychotherapie definiert werden (vgl. Peter 2015a, S. 57).

2.2 Geschichte der Hypnose

Die Hypnose wurde als erste Therapiemethode in verschiedenen Kulturen seit Jahrhunderten zur Behandlung seelischer Probleme eingesetzt; im religiösen Kontext sogar seit fast drei Jahrtausenden (vgl. Morschitzky 2006, S. 1). Hypnose ist ein traditionelles Heilverfahren, sie stellt gewissermaßen die Urform der Psychotherapie dar (vgl. Revenstorf 2015, S. 854). Mitte der 1970er-Jahre hat das neu begonnen, was in den deutschsprachigen Ländern heute unter Hypnotherapie verstanden wird (vgl. Peter 2015a, S. 10 ff.). Die Psychotherapie des amerikanischen Psychiaters und Psychotherapeuten Milton H. Erickson (vgl. Zeig/Rennick 1991, S. 275 ff.), die damals bekannt wurde, führte zu einer nachhaltigen Renaissance der

Hypnose, anfangs überwiegend in der Psychotherapie und später in der Zahnmedizin. Dies gelang ihr über Aktivitäten neu gegründeter Fachgesellschaften in Deutschland, in der Schweiz und in Österreich. Hypnose hatte zuvor, in den ersten zwei Dritteln des 20. Jahrhunderts, kaum noch eine Rolle gespielt (vgl. Peter 2015a, S. 10 ff.).

Von manchen Ärzten wurde das autogene Training, wenn sie dieses durchführten, als ärztliche Hypnose bezeichnet. Zudem gab es Heilpraktiker, die positives Denken als Hypnose anboten. Beides ist auf die Suggestionstheorie der Schule von Nancy[3] zurückzuführen, kurz vor und nach der Wende vom 19. zum 20. Jahrhundert (vgl. Peter 1998, S. 149 ff.). Bis in die erste Hälfte des 20. Jahrhunderts war die Suggestivhypnose von Bedeutung, bei der Patienten mithilfe spezieller Suggestionen in einen hypnotischen Schlaf versetzt werden. Sie wurde während des Ersten Weltkriegs, neben der gerade aufkommenden Psychoanalyse, zur Behandlung von traumatisierten Kriegsopfern angewandt.

Die Hypnose verlor in der NS-Zeit zwischen 1933 und 1945 an Bedeutung und wurde immer weniger praktiziert. Die Annahme, heilsame Gedanken könnten bei Patienten im Zustand der hypnotischen Trance (vgl. Kapitel 4) leichter suggeriert werden, stellte sich als brüchig heraus. Sie bestand bis Ende des 19. Jahrhunderts, als es die heutigen Psychotherapieformen noch nicht gab. Es zeigte sich jedoch, dass Patienten mithilfe von Hypnose und Suggestionen allein nicht mühelos zu heilen sind. Aus dieser Enttäuschung heraus (vgl. Peter 2015a, S. 10 ff.), die Sigmund Freud (1856–1939), Neurologe aus Wien (vgl. Rüegg 2010, S. 113) mit der Hypnose erlebte, die er zunächst als aufdeckende Methode in der Psychotherapie mit Begeisterung nach Wien getragen hatte (vgl. Freud/Breuer 1895), wurde die Psychoanalyse geboren.

Freud gilt als Begründer der Psychoanalyse. Er distanzierte sich von der Idee, dass Symptome mit Suggestionen, die direkt gegen diese gerichtet waren, zum Verschwinden gebracht werden könnten. Pierre Janet (1859–1947), ein französischer Psychiater und Psychotherapeut, hatte zu seiner Zeit bereits gezeigt, dass Hypnose auch problem- und konfliktorientiert angewandt werden konnte und nicht allein symptomorientiert. Der amerikanische Psychologieprofessor Ernest R. Hilgard entdeckte als Erster Janet wieder, als er sich dem Studium der Hypnose in den 1960er-Jahren zuwandte. In den 1980er-Jahren wurde Janet auch von Traumatherapeuten wiederentdeckt. Eine Entwicklung fand in den letzten 30 bis 40 Jahren in der klinischen und in der experimentellen Hypnoseforschung statt (vgl. Peter 2015a, S. 10 ff.). Ohne die Schaffung von reliablen und validen Instrumenten zur Messung der

---

[3] Die Schule von Nancy wurde von Hippolyte Bernheim (1840–1919), einem französischen Neurologen, geprägt. Dieser entwickelte die Hypnose-Methode von Ambroise A. Liébeault (1823–1904), einem französischen Landarzt, der als Begründer der modernen Hypnotherapie gilt, weiter (vgl. Stephan 2003, S. 4).

hypnotischen Suggestibilität, mit denen Anfang der 1960er-Jahre begonnen wurde, wäre die Entwicklung der experimentellen Hypnoseforschung nicht möglich gewesen (vgl. Walter 2000, S. 123 ff.).

Die Erickson-Methode (vgl. Kapitel 2.8) und die Kombination von Hypnose mit kognitiv-behavioraler Therapie bzw. Verhaltenstherapie (vgl. Kapitel 2.5.3) haben sich von den verschiedenen anfangs aufkommenden und aktuell bestehenden Methoden am besten etabliert. Auch die Verbindung von Hypnose und Familientherapie (vgl. Kapitel 2.5.5) sowie Gesprächstherapie etc. ist hinsichtlich ihres Nutzens und ihrer Anwendung anschaulicher geworden (vgl. Peter 2015a, S. 10 ff.). Die Hypnose als älteste Therapieform ist zugleich äußerst modern, da sie in praktischer Weise von einer psychosomatischen Gesamtheit ausgeht. In erster Linie ist die klinische Hypnose ihrem Brauchtum nach an der Lösung von Problemen und der Wiederherstellung von psychischer Gesundheit und erst in zweiter Linie an der Forschung der Ursachen und an der Diagnostik ausgerichtet. Wegen ihrer breiten Fülle an Techniken bietet die heutige klinische Hypnose ein nützliches Handwerkszeug, um psychotherapeutische und medizinische Ziele zu erreichen (vgl. Revenstorf 2015b, S. 854 ff.).

In Russland, England und den USA ist die Hypnose seit Jahrzehnten ein anerkanntes Verfahren und gehört zum festen Ausbildungsbestandteil klinischer Berufe (vgl. Kossak 2013, S. 51). In Deutschland hat die klinische Hypnose im Jahr 2006 die indikations-spezifische Anerkennung durch den wissenschaftlichen Beirat Psychotherapie erhalten und in Österreich ist die Hypnose ebenfalls ein gesetzlich anerkanntes Heilverfahren (vgl. Wissen-schaftlicher Beirat Psychotherapie nach § 11 Psychthg 2006, S. 165 ff.). Dennoch wird die Anwendung von Hypnose in Deutschland zurzeit durch kein Gesetz unter ethischen und professionellen Aspekten geregelt. Daher leidet die Seriosität der klinischen und experimen-tellen Hypnose unter der Zunahme der Laienhypnose und showhypnotischen Darbietungen.
Zur Erlangung der Anerkennung der klinischen Hypnose für ein breiteres Indikations-spektrum in der psychotherapeutischen Versorgung fehlen entsprechende Studien. In der akademischen Forschung und Lehre ist die klinische Hypnose in Deutschland, Österreich und der Schweiz zu wenig verankert, als dass sie an zukünftige Generationen von Psychologen, Ärzten und an andere im Gesundheitswesen Tätige automatisch weitergegeben würde (vgl. Peter 2015d, S. 845). Was die weitere Entwicklung der Hypnose in Deutschland anbelangt, so ist auf der einen Seite ein Trend zu beobachten, dass sich neben psychologischen und ärzt-lichen Psychotherapeuten auch Zahnärzte, Sozialarbeiter und andere im Gesundheitswesen tätige Berufsgruppen für die klinische Hypnose interessieren (vgl. Prade et al. 2014, S. 45 ff.).

2.3 Anwendungsbereiche der Hypnose

Die Hypnose hat neben der Verknüpfung mit psychotherapeutischen Verfahren auch einen breiten Anwendungsbereich in der psychosomatischen Medizin. Dort können psychisch bedingte Krankheiten wie Hautprobleme, Bluthochdruck etc. mit Hypnose behandelt werden. Hypnose wird zudem als effektives Mittel zur Schmerzkontrolle z. B. bei chronischen Schmerzen[4], Migräne, Rückenschmerzen oder in der zahnärztlichen Praxis eingesetzt (vgl. Kossak 2013, S. 250). Ferner kommt die Hypnose im Sport (Sportpsychologie) sowie im Bereich der Kriminologie und Forensik sowie des Gedächtnisses zum Einsatz, um die Konzentrations- und Lernfähigkeit zu verbessern.

Zu den Anwendungsbereichen der Hypnose in der Psychotherapie zählen unter anderem Angststörungen (Phobien, Panikattacken, Zwangsstörungen etc.) und angstbezogene Probleme; somatoforme Störungen; Schmerzstörungen; Essstörungen; Schlafstörungen; affektive Störungen (depressive Störungen, bipolare Störungen etc.) (vgl. Kossak 2013, S. 16 ff.); posttraumatische Belastungsstörungen; Verhaltensstörungen (Nägelkauen, Bettnässen (Neuresis), Übergewicht etc.) (vgl. Revenstorf 2015a, S. 31); Störungen des Sozialverhaltens (vgl. Signer-Fischer 2015, S. 750); Tabakabusus (vgl. Krutiak 2015, S. 688); Tinnitus (vgl. Stephan 2003, S. 84); Ticstörungen (vgl. Kossak 2013, S. 16 ff.); Sexualstörungen (vgl. Stephan 2003, S. 83) und dissoziative Störungen. Patienten mit dissoziativen Störungen sprechen auf das Verfahren der Hypnose besonders gut an, da sie allgemein als hoch suggestibel gelten (vgl. Fiedler 2008, S. 490). Hypnose ist – entgegen der früheren „Lehrmeinung" – in bestimmten Fällen von Schizophrenie anwendbar, z. B. zur Kontrolle von psychotischen Halluzinationen nach genauer Abwägung (vgl. Kossak 2004, S. 202).

Die klinische Hypnose kann entweder als therapeutische Intervention im Sinne der Problem- oder Konfliktlösung verstanden werden oder als Maßnahme der Selbstkontrolle. Bei Traumata und anderen Belastungssituationen, Ängsten, depressiven Reaktionen, Anpassung an einschneidende Lebensereignisse (Krankheitsdiagnosen, Verlust, Entwicklungskrisen), finden psychotherapeutische Interventionen im Sinne der Klärung, Revision und Problemlösung hauptsächlich während der Therapiesitzungen statt. Sie werden bezüglich des Transfers in den Alltag überprüfbar gemacht. Das Verfahren dient hingegen bei Gewohnheitsstörungen, chronischen Schmerzen, repetitiven Problemen wie Neurodermitis, Schlafstörungen, Essattacken, Tabakabusus, psychosomatischen Störungen u. Ä. als Anlei-

---

[4] Das Schmerzempfinden kann von psychischen Faktoren beeinflusst werden. Schmerzen wiederum können sich auf das seelische Befinden (z. B. in Form von Depression und Angst) auswirken (vgl. Jensen 2015, S. 31).

tung zur Selbsthypnose[5] mit störungsspezifischen Inhalten, die physiologische Regulations-mechanismen betreffen (z. B. Visualisierungen von Durchblutung, Immunaktivität, sexuellen, pulmonalen oder gastrointestinalen Funktionen) (vgl. Revenstorf 2003, S. 31 f.).

2.4 Wirkungen der Hypnose

Der hypnotische Zustand ist ein natürlicher geistiger Zustand, der sich vom Zustand des Schlafes unterscheidet, was neurophysiologisch aus der EEG-Ableitung deutlich wird. Es gibt allerdings physiologische Gemeinsamkeiten zwischen dem Entspannungszustand der Hypnose und anderen Entspannungsverfahren (vgl. Kaiser Rekkas 2013b, S. 50 f.). Hypnose wirkt entspannend, entängstigend sowie erholsam (vgl. Kaiser Rekkas 2013b, S. 22), womit sich das Gefühl der Sicherheit und auch der Kontrolle über die Situation beim Patienten ver-größert (vgl. Kaiser Rekkas 2013b, S. 50 f.). Ferner ist Hypnose ein veränderter Bewusst-seinszustand mit ausgeprägten Alpha-Phasen in der rechten Hemisphäre.

Der Zustand der Hypnose kann als aktiv, wachsam und aufmerksam beschrieben werden (vgl. Kaiser Rekkas 2013b, S. 22). Der Patient in Hypnose verbleibt im Vollbesitz seiner geistigen Kräfte (vgl. Kaiser Rekkas 2013b, S. 50 f.). Sein kritisches Denkvermögen und sein ethisches Werturteil bleiben unverändert aufrechterhalten (vgl. Kaiser Rekkas 2013b, S. 22). Der Patient ist sich seiner Gefühle, Handlungen und Aussagen bewusst (vgl. Kaiser Rekkas 2013b, S. 50 f.).

Die Hypnotisierbarkeit (vgl. Kapitel 3.6.1) ist situations- und kontextabhängig und gilt als ein natürliches Phänomen (vgl. Kaiser Rekkas 2013b, S. 22). Durch Hypnose können Denk-, Gefühls- und Verhaltensmuster hervorgerufen werden, die dem Wohl des Patienten dienlich sind (vgl. Rossi 1996, S. 220).

Für den Patienten ist Hypnose ein schöpferischer Zustand des Lernens und der Neuorientierung. Die Therapie erfolgt durch spezifische Techniken im Trancezustand (vgl. Kaiser Rekkas 2013b, S. 22). Je besser sich der Patient etwas in der Fantasie vorstellen kann, umso leichter kann er sich entspannen und auf das Therapiethema konzentrieren (vgl. Kaiser Rekkas 2013b, S. 50 f.). Durch Hypnose wird die Suggestibilität (vgl. Kapitel 3.4) beim Patienten erhöht. Der Fokus der Aufmerksamkeit ist eingeschränkt und der Konzentrations-

---

[5] Eine selbst induzierte Erfahrung, die das eigene unbewusste Potenzial utilisiert, kann als Selbsthypnose bezeichnet werden. Sie ist ein geistig-körperlicher Zustand, in dem die Reaktion auf Suggestionen weitaus stärker ist, als unter normalen Bedingungen. Ein Teil der willkürlichen Kontrolle wird während der Selbsthypnose losgelassen, um unwillkürliche Kontrolle zuzulassen (vgl. Alman 2015, S. 332 ff.).

grad auf einen Punkt ist höher als im Wachzustand. Dadurch ist es möglich, Suggestionen unmittelbar an das Unbewusste[6] zu richten (vgl. Alman/Lambrou 2015, S. 27 f.).

2.5 Die Hypnose als Zusatzmethode in der Psychotherapie

Laut dem Psychotherapiegesetz stellt die Psychotherapie eine Heilbehandlung für Menschen dar, bei denen eine oder mehrere psychische Störungen mit Krankheitswert vorliegen (vgl. Auckenthaler 2012, S. 104). In einer solchen Heilbehandlung wie der Psychotherapie, die als ein interaktionales Geschehen verstanden werden kann, sind Therapeut und Patient bemüht, gemeinsam eine oder mehrere psychische Störungen des Patienten mit Krankheitswert zu beseitigen oder zu mildern (vgl. Petzold 1980, S. 7) und „[...] gestörte Verhaltensweisen und Einstellungen zu ändern und die Reifung, Entwicklung und Gesundheit des Behandelten zu fördern." (§ 1 Abs. 1 PthG) Um dies zu erreichen, wendet der Psychotherapeut wissen-schaftlich-psychotherapeutische Methoden an (vgl. § 1 Abs. 1 PthG).

Patienten, die sich in einem psychotherapeutischen Kontext befinden, können durch die Hypnose in ihrer seelischen Heilung vorteilhaft beeinflusst werden (vgl. Kaiser Rekkas 2013b, S. 50 f.). Die klinische Hypnose wird heute als Zusatzintervention betrachtet und benutzt, um die Effektivität etablierter Therapieverfahren (wie z. B. Verhaltenstherapie oder Psychoanalyse) zu erhöhen (vgl. Kossak 2013, S. 191). Somit bildet die Hypnose eine Bereicherung und Intensivierung der Therapie (vgl. Kaiser Rekkas 2013b, S. 243). Durch Eigenschaften wie Ressourcenorientierung und Utilisation (vgl. Kapitel 2.8.1) erweist sich die Hypnose als eine flexible Methode in Kombination mit verschiedenen Therapieformen (vgl. Revenstorf 2015b, S. 854). Sowohl die Diagnostik als auch die Therapie kann durch Hypnose sinnvoll ergänzt werden (vgl. Kossak 2013, S. 191).

Die klinische Hypnose ist ihrer Tradition nach jedoch primär an Problemlösung und Gesundung und erst sekundär an Ursachenforschung und Diagnostik orientiert (vgl. Revenstorf 2015b, S. 854). Sie wird nicht mehr als eigenständige Therapieform angesehen (vgl. Wittek 2006, S. 3), sondern muss in einen medizinischen oder/und psychotherapeu-tischen Rahmen eingebettet werden (vgl. Kaiser Rekkas 2013b, S. 50 f.). In der Psycho-therapie kommt die Hypnose im Allgemeinen in der Einzeltherapie zum Einsatz. Sie kann in speziellen Fällen aber auch in homogenen und kleinen Gruppen angewendet werden (vgl. Revenstorf 2003, S. 6).

---

[6] In der Hypnotherapie wird das Unbewusste als die Gesamtheit aller Erinnerungsspuren bezeichnet (vgl. Revenstorf 2017, S. 57).

2.5.1 Die Hypnose in der psychodynamischen Psychotherapie

Die Gruppe der Behandlungsverfahren die, was ihren theoretischen Hintergrund betrifft, an der Psychoanalyse orientiert sind, können als psychodynamische Psychotherapien bezeichnet werden. In ihrem Behandlungssetting weisen sie Modifikationen der Psychoanalyse auf (vgl. Reimer/Rüger 2012, S. 4). Zu den psychoanalytisch begründeten Verfahren gehören nach den Psychotherapie-Richtlinien die analytische Psychotherapie sowie die tiefenpsychologisch fundierte Psychotherapie mit den Sonderformen dynamische Psychotherapie, Kurztherapie, Fokaltherapie und niederfrequente Therapie. Die unbewusste Psychodynamik der Störungen mit somatischen oder psychischen Symptomen wird bei diesen Verfahren, die als ätiologisch orientierte Methoden gelten, zum Behandlungsgegenstand gemacht (vgl. Rettenbach/Christ 2013, S. 252).

Auch wenn Freud in Wien mit der Hypnose wenig Anklang fand und sich später von ihr als Methode abwendete, behandelte er zunächst gemeinsam mit dem Wiener Arzt Josef Breuer, der als Mitbegründer der Psychoanalyse gilt, seine frühesten Fälle (vgl. Freud/Breuer 1895). Durch eine gesteigerte Erinnerungsfähigkeit und eine verminderte Abwehr sollte sich der Patient in hypnotischer Trance an bestimmte dissoziierte traumatische Erlebnisse erinnern (zu erinnern glauben). Das wesentliche Prinzip bestand darin, dass einzig durch diese Bewusstmachung die Beseitigung der mit dem Trauma verbundenen Symptome erreicht werden konnte. Mithilfe der Hypnose wurde der unbewusste Inhalt in der Rekonstruktion erfolgreich bewältigt. In der Hypnoanalyse (Kombination aus Psychoanalyse und Hypnotherapie) wird ein aktives Beteiligtsein des Therapeuten an der regressiven Haltung des Patienten im Trancezustand genutzt.

Der Therapeut kann, anstatt eine Deutung der resultierenden Übertragung (vgl. Kapitel 6.4) vorzunehmen, die ihm zugeschriebene Rolle agieren, um beim Patienten Beziehungsmuster und Haltungen zu ändern (bindungsorientierte Therapie) im Sinne einer partiellen „Nachbeelterung" *(reparenting)* (vgl. Revenstorf 2015b, S. 855). Bei der Nachbeelterung verhält sich der Therapeut dem verletzten Kind-Modus (vulnerables Selbst) und seinen Bedürfnissen gegenüber komplementär. Er lässt dem Patienten gezielt elterliche Fürsorge zukommen, indem er versucht dessen Sehnsucht nach Akzeptanz, Angenommensein, Verständnis, Unterstützung usw. nachträglich zu befriedigen (vgl. Lammers 2014, S. 171).

Sind zentrale Bedürfnisse in der Kindheit des Patienten nicht oder nur unzureichend erfüllt worden und leidet der Patient bis heute darunter, zielt die Nachbeelterung unter Einhaltung angemessener professioneller Grenzen auf den teilweisen Ausgleich dieser Defizite und ermöglicht dem Patienten dadurch in begrenztem Umfang eine korrigierende emotionale Erfahrung (vgl. Jacob et al. 2011, S. 646). Die Regression wird somit als positives

Übertragungs- und Gegenübertragungsgeschehen (vgl. Kapitel 6.4) sowie als kindliche Lernhaltung utilisiert (vgl. Revenstorf 2015b, S. 855). Die hypnotische Trance ermöglicht aus Sicht der Tiefenpsychologie des Schweizer Psychiaters und Begründers der analytischen Psychologie Carl Gustav Jung (vgl. Roudinesco/Plon 2012, S. 510) eine Abspaltung des Bewusstseins von der dominanten Ich-Struktur. Es kommt dabei zu einer Delegation der Kohärenz gebenden Funktion des Alltags-Ich an den Therapeuten.

Dadurch können unverarbeitete Komplexe oder Ich-Anteile empfunden werden, die sonst im Hintergrund bleiben. Hierzu zählen „Animus", „Anima" oder „Schatten" (vgl. Hall 1989, S. 9 ff.). Die Begriffe „Animus", „Anima" oder „Schatten" bezeichnen Archetypen. Mit dem Animus (die männlichen Anteile der Frau) und der Anima (die weiblichen Anteile des Mannes) beschreibt Jung das innere Bild, das die Frau und der Mann vom anderen Geschlecht in sich tragen (vgl. Adam 2010, S. 46). Mit dem Begriff „Schatten" bezeichnet Jung einen Teil des Unbewussten der Persönlichkeit eines Menschen, der die Summe aller negativen psychischen Dispositionen umfasst. Dazu gehören alle unbewussten Regungen und häufig auch unangenehme und verdrängte Gefühle (vgl. Niemeyer 2014, S. 27).

Die Hypnose dient in der psychodynamischen Vorgehensweise der Aufhellung dissoziierter Inhalte (seelisch belastender Situationen) und unabhängig davon der Abspaltung der dominanten Ich-Struktur, um im Bewusstsein Platz für andere Teilpsychen und Archetypen zu schaffen. Somit kann die Hypnose tiefenpsychologisch sowohl aufdeckend als auch zur Unterstützung der Übertragung genutzt werden (vgl. Revenstorf 2015b, S. 855). Mit der Hypnoanalyse kann nach der Erfahrung von Fromm und Nash die therapeutische Weiterentwicklung von drei Jahren Psychoanalyse in nur drei bis sechs Monaten erreicht werden (vgl. Fromm/Nash 1996, S. 142). Diese Aussage ist möglicherweise zu hoch gegriffen, da sie durch empirische Studien bisher nicht belegt werden konnte.

2.5.2 Die Hypnose in der kognitiven Therapie

Die kognitive Therapie befasst sich mit vorbewussten Inhalten (z. B. vernunftwidrigen Ideen) wie auch bewussten Vorstellungen und Sichtweisen. Anhand rationaler oder pragmatischer Kriterien überprüft sie den Nutzen und die Zweckmäßigkeit innewohnender Vorannahmen und nachdrücklicher Problemlösungen des Patienten. Dabei werden auf der einen Seite verschiedene Lebensphilosophien (z. B. Hedonismus, Stoizismus, Sophismus) im generellen Sinne und auf der anderen Seite die Logik herangezogen, um die unangenehmen Seiten der Erfahrung für den Patienten erträglicher zu gestalten. Die Vorgehensweise erfolgt auf der Grundlage einer diskursiven Auseinandersetzung, die mit dem Patienten ausgearbeitet wird.

Neben dem Vorbewusstsein und der Sprache lassen sich in Bezug auf die Informationsverarbeitung eine Reihe unbewusster Ebenen differenzieren, z. B. Traum, Trance oder subliminale Wahrnehmung. Verschiedene Zugänge kennzeichnen diese Ebenen: hypnotische Induktion, assoziative Deutung, Primärprozess sowie Reaktivierung von Träumen und subliminale Stimulation, insbesondere durch visuelle und akustische Reize. Die Sprache als Zugang zu bewussten und unbewussten Schichten zu nutzen, ist das Arbeitsfeld der klinischen Hypnose. Zunächst wird zur Schaffung des Rapports (vgl. Kapitel 5.1) und für die Tranceinduktion (vgl. Kapitel 5.2) das Wachbewusstsein angesprochen. Für hypnoide Bilder hingegen das Vorbewusste und zur besseren Aufnahme von Suggestionen durch erhöhte Empfänglichkeit das Trancebewusstsein.

Durch die Verwendung von Metaphern oder analog markierter Einstreuelemente wird letztlich auch die Subliminalebene angesprochen. Die Vermittlung von Inhalten geschieht durch Metaphern auf einer symbolischen Ebene, die durch Analogieschluss statt durch Erklärungen überzeugen. Daher stellt die klinische Hypnose ein umfangreiches Instrument der kognitiven Therapie dar. Wie Freud zu seiner Zeit bereits bemerkte, zeichnen sich die unbewussten Trance- und Traumebenen durch die symmetrische oder primärprozesshafte Logik aus. Dieser offensichtlich kreative Denkmodus kann für Problemlösungen verwertet werden. Daher kann es zu einer vorteilhaften Ergänzung zwischen hypnotischen Verfahren und rationalem Disput im Sinne von Kreativität und Überprüfung der Alltagstauglichkeit kommen (vgl. Revenstorf 2015b, S. 855).

2.5.3 Die Hypnose in der Verhaltenstherapie

Die Verhaltenstherapie vereinigt eine beachtliche Anzahl spezifischer und unterschiedlicher Techniken sowie Behandlungsmaßnahmen. Sie stellt eine auf der empirischen Psychologie basierende psychotherapeutische Grundorientierung dar. Im therapeutischen Handeln werden die unterschiedlichen Maßnahmen je nach Art der vorliegenden Problematik einzeln oder miteinander kombiniert angewendet. Die Verhaltenstherapie beinhaltet sowohl störungsspezifische als auch -unspezifische Therapieverfahren, deren Bestreben es ist, aufgrund eines ausreichend validierten psychologischen Störungswissens und Änderungswissens, eine gezielte Besserung der zu behandelnden Problematik zu erreichen (vgl. Margraf 2009, S. 5 f.). Es gibt verschiedene Aspekte, die für eine Vereinbarkeit von Verhaltenstherapie und Hypnose sprechen.

Verhaltenstherapie wird herkömmlich als Veränderung des offenkundigen Verhaltens und der Erzeugung von Bedingungen, die dieses begünstigen (Kompetenzen, Stimuli, Kontingenzen), aufgefasst (vgl. Revenstorf 2015b, S. 855 f.). Primär ist das Konzept der Verhaltenstherapie an den vorhandenen Symptomen und der gegenwärtigen Situation orientiert (vgl. Barnow 2013, S. 29). Die Identifizierung bestimmter wiederkehrender und dysfunktionaler Kognitionen ist ein wesentliches Element in der kognitiven Verhaltenstherapie (vgl. Schlüter 2015, S. 323). Um- oder Neulernprozesse werden durch Interventionen wie Rollenspiel, Übung und Reizexposition ausgelöst. Auch die Vorbereitung der körperlichen Erfahrung in sensu gehört zur Verhaltenstherapie. Hauptsächlich wird die Imagination als Stellvertreter der Realitätserfahrung verwendet. In der Fantasie können auf diese Art z. B. phobische Reize eingesetzt werden.

Im Laufe der Evolution hat sich eine breite Palette von Lernmechanismen entwickelt (vgl. Revenstorf 2015b, S. 855 f.), „[...] die auf vegetativer, zentralnervöser und symbolischer Ebene angreifen." (Revenstorf 2015b, S. 855 f.) Es gibt ferner unterschiedliche Arten von Informationsverarbeitung. Dazu zählen eine verbale und paraverbale, visuel-imaginative, somatosensorische und eine vegetative Repräsentation. Daher kann die Vermittlung von Inhalten auf mindestens vier verschiedene Arten erfolgen: durch Erfahrung, Vorstellung, sprachlich-argumentativ oder sprachlich-methaphorisch. Verhaltenstherapie kommuniziert durch Modellbeobachtung oder Selbstbeobachtung sowie in vivo, in sensu und mithilfe von Argumenten. Sie verwendet alle Erfahrungsebenen bis auf die subliminale und die symbolische.

Die klinische Hypnose setzt außerdem metaphorische und paraverbale Kommunikationsmöglichkeiten ein und richtet sich damit außerdem an die subliminale und die symbolische Ebene der Verarbeitung. Um schwierige Erfahrungen in sensu zu bewältigen, macht die klinische Hypnose von Ressourcen zu Problemsituationen, von Techniken der Reassoziation oder von der Abspaltung von Sinnesmodalitäten Gebrauch. Zur Überwindung von Hindernissen wird die Vorstellung des erreichten Zielzustandes in Form einer Zeitprogression eingesetzt. Die hypnotische Trance wird in diesem Falle als Zustand verwendet, in dem ein bestimmter Inhalt imaginiert und fokussiert wird.

In der Verhaltenstherapie kann die Hypnose daher das Training zur praktischen Übung verrichten. Auch kann sie dabei helfen, regressive prägende Situationen (z. B. ein traumatisches Ereignis) in sensu zu revidieren. Sowohl eine intensive Vorstellung als vorläufige Erfahrung in sensu als auch eine gesteigerte Empfänglichkeit für posthypnotische Suggestionen (vgl. Kapitel 3.5.4) sind dabei relevant. Zur Förderung inzidentellen Lernens, um zu bahnen und abzulenken, wird Indirektheit eingesetzt. Diese Interventionsformen können als Ergänzung der unmittelbaren Verschreibung, des genauen Therapievertrags und der transparenten Planung fungieren (vgl. Revenstorf 2015b, S. 855 f.).

Um die Wirksamkeit der Hypnotherapie als alleinigen Verfahrens im Vergleich zur Verhaltenstherapie und einer Warteliste-Kontrollgruppe zu überprüfen, wurden in einer Metaanalyse elf Studien zu den Störungsbereichen Flugangst, Nikotinabusus, Migräne, Adipositas, primäre Insomnie und Prüfungsangst zusammengefasst. In einzelnen Behandlungsformen der Primärstudien wurden vier Interventionsformen (Verhaltenstherapie, Hypnotherapie, kombinierte Therapie und Kontrollgruppen) eingeteilt. Anhand von Katamnesedaten wurde die Langzeitwirkung überprüft. Als Ergebnis zeigte sich eine signifikante Wirksamkeit aller drei Behandlungsformen, sowohl kurz- als auch langfristig. Bei der kognitiven Verhaltenstherapie zeigten sich konstant mittlere Effektstärken, während die Hypnotherapie als alleiniges Verfahren eine Zunahme der Wirksamkeit von mittlerer zu großer Effektstärke nach Beendigung der Therapie bis zum Zeitpunkt der Katamnese aufwies. Die beste Wirksamkeit zeigten kombinierte Programme mit verhaltenstherapeutischen und hypnotischen Bestandteilen. Hier gab es große Effektstärken für beide Messzeitpunkte (vgl. Wais/Revenstorf 2008, S. 57 ff.).

In einer weiteren Metaanalyse wurden 18 Studien untersucht, bei denen eine kognitive Verhaltenstherapie ohne Hypnose mit einer kognitiven Verhaltenstherapie mit der Ergänzung durch Hypnose verglichen wurde. Das Behandlungsergebnis wurde mit dem Zusatz von Hypnose signifikant verbessert, wie die Ergebnisse zeigen. So zeigte der durchschnittliche Patient, der eine kognitive Verhaltenstherapie mit dem Zusatz Hypnose erhielt, eine größere Verbesserung als mindestens siebzig Prozent der Patienten, die eine kognitive Verhaltenstherapie ohne ergänzende Hypnose erhielten. Besonders ausgeprägt waren diese Effekte für die Behandlung von Adipositas (vgl. Kirsch et al. 1995, S. 214 ff.).

Auch andere Metaanalysen belegen, dass die Kombination von Hypnose und Verhaltenstherapie (kognitiv-behaviorale Hypnose) bei der Symptombehandlung die effektivste aller Psychotherapiemethoden ist (vgl. Kossak 2004, S. 207). Es kommt vor, dass die kognitive Verhaltenstherapie sich hypnotherapeutischer Techniken bedient und diese als eigenes Verfahren mit einem anderen Etikett, z. B. als Schematherapie, versieht und propagiert (vgl. Peter 2015d, S. 845).

2.5.4 Die Hypnose in der humanistischen Psychotherapie

Neben der Psychoanalyse und dem Behaviorismus entstand in den 1960er-Jahren die humanistische Psychologie als dritte Kraft in der Psychologie. Die humanistische Psychotherapie verfolgt spezifische Ziele und ist eher als eine Richtung innerhalb der Psychotherapie anzusehen denn als einheitliches Therapiegebäude (vgl. Morschitzky 2006, S. 196). Die Hypnose wurde im 19. und 20. Jahrhundert in ihrer traditionellen Form als autoritäres Verfahren der Fremdsuggestion verstanden, bei der es durch die erhöhte Suggestibilität zu einer besseren Rezeption in Trance kommt.

Als humanistisches Verfahren kann im Vergleich dazu Ericksons Vorgehen charakterisiert werden, das an die Eigeninitiative des Patienten appelliert. Die Zurückführung auf die bereits erlernten Möglichkeiten des Patienten ist in Ericksons Grundannahmen Aufgabe des Therapeuten. Hierzu wählt der Therapeut ein Vorgehen, das dem Patienten weitestgehend entgegenkommt. Welcher Lösungsweg vom Patienten beschritten wird, überlässt der Therapeut den inneren Suchprozessen des Patienten. Er suggeriert nicht die Veränderung in einer bestimmten Weise. Ressourcenorientierung, Utilisation und Anregung von Such- prozessen sind die drei Prinzipien, die überwiegend dem entsprechen, was nach Ansicht von Humanisten wie Rogers oder Perls von einer angemessenen Psychotherapie verlangt wird. Der Verzicht auf unbewusste Verarbeitungsprozesse und unbeschränkte Transparenz bildet den Unterschied zu den humanistischen Therapieformen.

Der an Erickson orientierte Therapeut betrachtet, ausgehend von der kognitiv-interaktiven Ebene, auf der der Patient seine Welt normalerweise erlebt, die gegebene Struktur der Persönlichkeit des Patienten als Ressource, mit deren Hilfe die therapeutische Veränderung hervorgerufen werden soll. Es kann mithilfe von Strategien der Utilisation, der Desta- bilisierung, der Beiläufigkeit, des Schutzes des Unbewussten oder des Kaskadeneffekts (Verlagerung auf einen Nebenschauplatz) gelingen, den Patienten in die Lage zu versetzen, seine Ressourcen zu nutzen, die ihm wegen einer vorübergehenden Verengung seines Erlebens nicht zur Verfügung stehen (vgl. Revenstorf 2015b, S. 857).

2.5.5 Die Hypnose in der systemischen Therapie

Eine Form von Psychotherapie, deren Mittelpunkt der soziale Kontext bildet, in dem eine psychische Störung entsteht und deren Fokus auf der Interaktion zwischen Familien- mitgliedern liegt, kann als systemische Therapie definiert werden (vgl. Pinsof/Wynne 1995, S. 585 ff.). Die Vermittlung stabilitätsstärkender Verhaltensweisen, das Aufdecken, Durch- brechen und Verändern dysfunktionaler Beziehungsmuster sowie die Verbesserung der Kommunikation zwischen den Systemmitgliedern, sind wesentliche Ziele der systemischen Therapie (vgl. Klein 2015, S. 77 ff.). Bei dieser Therapieform beschränkt sich die therapeutische Arbeit nicht ausschließlich auf biologisch oder juristisch definierte Familien und Paare, sondern schließt neben Lebenspartnern, Eltern, Kindern und sonstigen Verwandten (z. B. Großeltern) auch andere für den Patienten und für die Problemlösung bedeutsame Bezugspersonen (z. B. Freunde) sowie professionelle Helfer (z. B. Sozialarbeiter, Ärzte, Lehrer) in die Therapie ein (vgl. von Sydow 2012, S. 108).

Die klinische Hypnose hat, wenn die emotionale und die kognitive Verarbeitung sowie das Verhalten des Patienten als System aufgefasst werden, systemische Charakteristika (vgl. Revenstorf 2015b, S. 857). Die Grundlagen der systemischen Therapie, wie Orientierung an Ressourcen, an Lösungen und am Ziel, positives Umdeuten und „in einen Rahmen setzen" (Reframing), die Sinnhaftigkeit des Symptoms, „So-tun-als-ob"-Vorschläge, Rituale, Metaphern und die Betrachtung von Interaktion als prozesshaft und zirkulär, bilden auch die Basis der klinischen Hypnose (vgl. Kaiser Rekkas 2016a, S. 42 ff.).

Zu weiteren Interventionen der Hypnose, die systemische Eigenschaften nutzen, gehören der Einsatz von Überraschung und Humor[7], um das emotionale System aus dem Gleichgewicht zu bringen; die Konfusionstechnik, um das kognitive System aus der Balance zu bringen; die Provokation von Widerstand gegen die Ablehnung therapeutischen Fortschritts sowie das Prinzip der geringfügigen strategischen Veränderung im Verhaltenssystem, indem ein Teil bewegt wird und der Rest sich als Kaskade umarrangiert (Dominoeffekt) (vgl. Revenstorf 2015b, S. 857).

Sowohl in der systemischen Therapie als auch in der Hypnosetherapie treten Trance-phänomene gleichermaßen auf. In der Hypnose können diese allerdings besser genutzt werden. Die Entwicklung wird spielerisch und leichthändig initiiert, wodurch Widerstand weitgehend vermieden wird. Die unbewusste Kommunikation der ideomotorischen Arbeit und die vorhandenen Mechanismen können therapeutisch gezielt eingesetzt werden (vgl. Kaiser Rekkas 2016a, S. 42 ff.). Als Ideomotorik werden die durch Imagination erzeugten Muskelaktivitäten (auch Carpenter-Effekt genannt) bezeichnet (vgl. Vaitl 2012, S. 255).

Über das limbische System und den motorischen Kortex werden die motorischen Vorstellungen in Handlungsimpulse umgesetzt (vgl. Morschitzky 1998, S. 267). So können verbale Suggestionen, die eine Bewegung zum Inhalt haben, in den betreffenden Muskelpartien (minimale und subtile) Bewegungen des relevanten Körperteils bewirken (vgl. Vaitl 2012, S. 255). Diese Art von Bewegungen liegen außerhalb der bewussten Wahr-nehmung (vgl. Kossak 2013, S. 127). Mit einem Gerät zur Messung der Muskelspannung (EMG: Elektromyografie) können diese Bewegungsimpulse nachgewiesen werden (vgl. Morschitzky 1998, S. 267). Die Hypnose wirkt mit der ideomotorischen Technik nicht nur

---

[7] Der Schweizer Psychologe und Psychotherapeut Peter Hain beschreibt Humor im Rahmen einer qualitativen Untersuchung als einen Wirkfaktor in der Psychotherapie. Dieser sei sowohl für die Gestaltung und Festigung der therapeutischen Beziehung, als auch für gezielte therapeutische Strategien und Interventionen, schulübergreifend gleichermaßen bedeutsam (vgl. Hain 2013, S. 151 f.). Der Humor stellt als Technik der Dissoziation eine wertvolle Ergänzung für hypnotisches Arbeiten in der Therapie dar. Beim Patienten schaffen humorvolle Bilder und Fantasien Distanz zu seinem Problem und ermöglichen ihm dadurch einen zeitnahen Zugang zu Ressourcen und Veränderungsmöglichkeiten (vgl. Hain 2015, S. 169 f.).

leicht und dynamisch, sondern auch effektiver als mit der klassischen Suggestion allein (vgl. Kaiser Rekkas 2016b, S. 10).

Für die Arbeit in Trance bieten die einzelnen Ansätze ein breites Angebot, wenn die systemtherapeutischen Modelle im Überblick betrachtet werden. Die auf dem Strukturalismus basierende strukturelle Familientherapie arbeitet mit Strukturen, Hierarchien, Grenzen sowie dem Herausfordern dieser Grenzen und dem Stabilisieren der Subsysteme. Das Mehrgenerationenmodell, dessen Quelle die Psychoanalyse ist, fokussiert über Generationen hinweg unsichtbare Bindungen[8]. Das Arbeitsthema dieses Modells ist die „Konten- und Vermächtnisklärung".

Die aus der humanistischen Psychologie entsprungene erlebnisorientierte Familientherapie legt ihren Fokus auf den Selbstwert und arbeitet an einer Optimierung der Kommunikation. Das positive Reframing und die (Familien-)Skulptur sind auch relevante Techniken der klinischen Hypnose. Die strategische Familientherapie, die auf der Kybernetik fußt, betrachtet die Familie als kybernetischen Regelkreis. Therapeutische Veränderungen werden hier durch Hausaufgaben und Ordeals sowie ausgeklügelte paradoxe Verschreibungen bewirkt.

Ähnlich ist es bei der systemisch-kybernetischen Familientherapie, die mit zirkulärem Fragen, Neutralität und paradoxen Verschreibungen dem Familienspiel begegnet, aufgrund von Hypothesen zum Sinn der Symptomatik. Eine auf dem Konstruktivismus gründende Therapie, die zu den Modellen der Kybernetik 2. Ordnung zählt, ist die „systemisch konstruktivistische Therapie". Alte Denkmuster werden hier mit Sprachspielen wie zirkulären und hypothetischen Fragen durchbrochen. Die lösungsorientierte Kurztherapie zeigt Verwandtschaft mit der Hypnose. Therapeutische Hausaufgaben, die „Wunderfrage" und der „Solution-Talk" (Metaphern) sind Inbegriff der klinischen Hypnose (vgl. Kaiser Rekkas 2016a, S. 42 ff.).

2.6 Hypnose und Achtsamkeit

Die Achtsamkeit gilt als ein wesentliches Element östlicher Meditationswege. Zur Kultivierung von Achtsamkeit im Zusammenhang mit der jahrtausendealten buddhistischen Tradition wurden insbesondere Praktiken entwickelt. Diese Prinzipien sind nicht an einen speziellen kulturellen oder spirituellen Kontext geknüpft (vgl. Heidenreich/Michalak 2009, S. 569 ff.). Was den Begriff der „Achtsamkeit" anbelangt, so gibt es keine einheitliche Definition, da einzelne Beschreibungen weder in ihrer modernen Anwendung noch in

---

[8] Mit unsichtbaren Bindungen sind unfreiwillige und unbewusste Verstrickungen sowie Bindungen innerhalb eines familiären Systems gemeint. Die unsichtbaren Bindungen können mit moralischen und existenziellen familiären Loyalitätsverpflichtungen einhergehen, die auch nach dem Tod von Angehörigen weiter bestehen können (vgl. Boszormenyi-Nagy/Spark 2006, S. 42 ff.).

unterschiedlichen buddhistischen Überlieferungen alle Facetten und Feinheiten der Achtsamkeit erfassen können. Achtsamkeit ist primär als eine eigene, individuelle Erfahrung zu erfassen, aus der Erste-Person-Perspektive. Worte sind, bei allen Definitionsversuchen, nicht ausreichend, um der Erfahrung der Achtsamkeit gerecht zu werden (vgl. Harrer/Weiss 2015, S. 30).

Die Bedeutung des Prinzips der Achtsamkeit kann somit nicht durch intellektuelle oder begriffliche Annäherung erschlossen werden, sondern einzig dadurch, dass sich eine Person auf dieses Prinzip einlässt und versucht, es in ihrem Leben zu realisieren (vgl. Heidenreich/Michalak 2006, S. 235 ff.). Dennoch wird im Folgenden eine mögliche Definition von Achtsamkeit vorgestellt:

> „Achtsamkeit ist ein Prozess, bei dem die Aufmerksamkeit nicht wertend auf den gegenwärtigen Augenblick gerichtet ist. Sie nimmt wahr, was ist, und nicht, was sein soll. Das heißt: Sie ist einerseits nüchtern, real, desillusionierend, andererseits annehmend, integrierend und vielleicht sogar auf mütterliche Weise liebevoll. Achtsamkeit ist aber noch mehr: Sie ist ein Instrument, um unsere affektiven, geistigen oder körperlichen Regungen in statu nascendi zu beobachten, und sie vermittelt den Kontakt mit der Gegenwart, die, wenn sie nicht explizit in den Blick genommen wird, häufig nicht wirklich erlebt wird." (Andersen-Reuster 2007, S. 1)

Somit bezieht sich die Achtsamkeit auf das bloße Wahrnehmen von Erfahrungen des Bewusstseins und auf das Wahrnehmen ihres Entstehens sowie Vergehens. Sie verzichtet auf weitere Ausarbeitung oder Reaktion wie Urteile, Zensur, Auswahl oder Interpretation (vgl. Rose/Walach 2009, S. 27).

Es gibt vier Bedeutungen, auf die der Begriff der Achtsamkeit hinweisen kann:

1. auf einen Zustand zu einem bestimmten Zeitpunkt
2. auf eine mit zunehmender Praxis verinnerlichte Haltung
3. auf die konkrete Praxis
4. auf das theoretische Konstrukt

Auch der Begriff der dispositionellen Achtsamkeit ist in entsprechenden Studien von Bedeutung. Damit ist das Ausmaß der Achtsamkeit gemeint, über das die untersuchten Personen ohne spezielle Schulung verfügen (vgl. Harrer/Weiss 2015, S. 31). Menschen sind in verschiedenen Situationen achtsam und tragen das Potenzial in sich, Achtsamkeit weiterzuentwickeln. Damit es einer Person gelingt, sich der Wahrnehmung einer Situation bewusst zu sein, ist es notwendig, dass sie sich ganz und gar auf eine Sache konzentriert.

Jedoch neigen Menschen dazu, ihren Fokus auf verschiedene Dinge gleichzeitig zu richten und mehrere Dinge parallel zu tun (vgl. Heidenreich/Michalak 2009, S. 569 ff.). Eine bekannte Geschichte aus dem Zen-Buddhismus verdeutlicht dies:

> „Einige Schüler fragen ihren Zen-Meister
> warum er so zufrieden und glücklich ist:
>
> Der Zen-Meister antwortet:
> ‚Wenn ich stehe, dann stehe ich, wenn ich
> gehe, dann gehe ich, wenn ich sitze, dann
> sitze ich, wenn ich esse, dann esse ich,
> wenn ich liebe, dann liebe ich …‘
>
> ‚Das tun wir auch‘, antworteten seine
> Schüler, ‚aber was machst Du darüber
> hinaus?‘ fragten Sie erneut.
> Der Meister erwiderte:
> ‚Wenn ich stehe, dann stehe ich, wenn ich
> gehe, dann gehe ich, wenn ich …‘
>
> Wieder sagten seine Schüler:
> ‚Aber das tun wir doch auch Meister!‘
> Er aber sagte zu seinen Schülern:
> ‚Nein – wenn Ihr sitzt, dann steht Ihr schon,
> wenn Ihr steht, dann lauft Ihr schon, wenn
> Ihr lauft, dann seid Ihr schon am Ziel.‘“
> (Heimsoeth 2015, S. 138)

Zwischen Achtsamkeitsmeditationen und Hypnose gibt es vielfältige und augenfällige Ähnlichkeiten (vgl. Facco 2017, S. 169 ff.). Beide Methoden bedienen sich der Aufmerksamkeitsfokussierung (häufig über den Körper), wie es auch bei bestimmten Entspannungsmethoden der Fall ist. Ein deutlicher Unterschied zwischen klinischer Hypnose und Achtsamkeit besteht darin, dass Hypnose eine Veränderung zum Ziel hat. Der Therapeut führt den Patienten mithilfe der Hypnose aus dem jetzigen Erleben in die Vergangenheit (Regression) und in die Zukunft (Progression), während bei der Achtsamkeit das gegenwärtige Erleben fokussiert wird, ohne etwas zu verändern.

Es ist das Prinzip der Achtsamkeit, alles so zu akzeptieren, wie es ist. Die Möglichkeit zur Dissoziation in der Hypnose, die z. B. für die Schmerzbewältigung von Bedeutung ist (vgl. Revenstorf 2017, S. 120), und zur Amnesie, um belastende Erinnerungen und Reize aus dem Bewusstsein zu verstoßen, ist ein weiteres Merkmal zur Unterscheidung von der Achtsamkeit, die im Vergleich zur Hypnose vollkommene Bewusstheit anstrebt (vgl. Revenstorf 2015b, S. 857 f.). Dissoziation wird in der meditations-basierten Achtsamkeit vermieden (vgl. Revenstorf 2017, S. 120). Während die Hypnose in der Regel für begrenzte therapeutische Ziele verwendet wird, hat die östliche Meditation breitere philosophische und existenzielle

28

Implikationen, die auf eine Befreiung von Illusionen, Anhaftungen, Leiden und Schmerzen abzielen (vgl. Facco 2017, S. 169 ff.).

In der Achtsamkeitsmeditation spielt das Übertragungs- und Gegenübertragungsgeschehen (vgl. Kapitel 6.4) keine Rolle, während die Hypnose diese Interaktionsdynamik zwischen Therapeut und Patient zur Förderung der kindlichen Lernhaltung nutzt. In der Achtsamkeit bleibt eine Person dagegen erwachsen. Es existieren verschiedene plausible Gründe, weshalb die Achtsamkeit in kurzer Zeit eine bedeutende Resonanz in der therapeutischen Landschaft gefunden hat, während die Hypnose in fortwährende Auseinandersetzungen um die theoretische Akzeptanz und die empirische Rechtfertigung verwickelt ist und sich um Abgrenzung von einer unprofessionellen Grauzone bemüht (vgl. Revenstorf 2015b, S. 857 f.). Letzteres ist vermutlich damit zu erklären, dass die Hypnose mehr als andere psycho-therapeutische Methoden auch unprofessionell praktiziert wird (vgl. Scholz 2005, S. 27 ff.). Achtsamkeit ist zunächst methodisch schlicht: In einer Sitzhaltung beobachtet eine Person sich oder Objekte der Umgebung. Das Abschweifen der Gedanken zu verhindern, ist dabei oft die einzige Bemühung der Person. Die Hypnose hingegen bedient sich komplexer Induktionsrituale mit Handlevitation (vgl. Kapitel 5.2), Katalepsie, Immobilität, Amnesie und Dissoziation. Für die Selbstanwendung ist Achtsamkeit alltagstauglicher. Wie jede andere Meditation ist Achtsamkeit als Selbstanwendungsmethode gedacht. Auch wenn Selbsthypnose eine wichtige Transferfunktion in den Alltag darstellt (z. B. selbst erzeugte Entspannung transferieren), profitiert die Hypnose im Vergleich zur Achtsamkeit von einer engmaschigen Anleitung durch einen Hypnosetherapeuten. Die Befürchtung, dass Hypnose etwas Unheimliches anhaftet, ist noch maßgeblicher. In der Volksmeinung berührt Hypnose Abgründe wie etwa den Verlust der Kontrolle über die eigenen Affekte, die Entdeckung unangenehmer, bisher gut behüteter Geheimnisse, das Ausgeliefertsein an die Manipulation durch den Hypnotiseur und den Verdacht von Magie und Hokuspokus.

Die klinische Hypnose ist in der Vorstellung vieler Menschen nahe der Showhypnose angesiedelt, mit der einige Menschen peinliche, beschämende und entwürdigende Darbietungen assoziieren (vgl. Revenstorf 2015b, S. 857 f.). „Achtsamkeit dagegen bezieht ihre Legitimation aus den edlen Gefilden der Meditation und strebt spirituelle Erhabenheit an." (Revenstorf 2015b, S. 857 f.) Sie beinhaltet Reifung und verbreitet keine Angst. Obwohl Achtsamkeit ebenso wie die Hypnose eine heilsame Bewusstseinstechnik ist, kann nicht darüber hinweggesehen werden, dass Achtsamkeit leichter angenommen wird, da sie keine Befürchtungen auslöst. Sie ist strukturiert, einfach und in der Eigenanwendung alltagstauglicher als die Hypnose. Revenstorf vermutet, dass Achtsamkeit im Vergleich zur

Hypnose allerdings nicht über die Fähigkeit verfügt, Menschen zeitnah bei der Selbst-veränderung zu helfen (vgl. Revenstorf 2015b, S. 857 f.).

In der westlichen und östlichen Zivilisation und Kultur stellen Hypnose und Meditation zwei bedeutende, historische und einflussreiche Landmarken dar. Die Neurowissenschaft hat begonnen, ein besseres Verständnis der Mechanismen sowohl des hypnotischen als auch des meditativen Gehirns zu schaffen und die Ähnlichkeiten, aber auch die Unterschiede zwischen den beiden sowie ihren Prozessen zu skizzieren. Es ist von Bedeutung, dass weder das östliche noch das westliche System als überlegen angesehen wird. Vielmehr bleibt zu hoffen, dass die gegenseitige Befruchtung der alten östlichen Meditationstechniken und der westlichen modernen klinischen Hypnose zu einer beiderseitigen Bereicherung führt (vgl. De Benedittis 2015, S. 152 ff.).

2.7 Theorien der Hypnose: Überblick

2.7.1 Die Dissoziationstheorie – Pierre Janet

Pierre Janet war überzeugt, dass sich der Geist in der Hysterie in verschiedene Bereiche aufteile und dies bei der Hypnose künstlich verursacht werden könne. Er prägte dafür den Begriff der „Dissoziation" (vgl. Janet 1925). Danach können biologische und physiologische Systeme getrennt und unabhängig voneinander arbeiten. Unbewusste und bewusste Systeme können demnach in ihrer Funktion als „Disaggregation" autonom tätig sein. Eine Reiz-blockade an den Synapsen, welche die motorischen von den sensorischen Kortexzentren abkoppelt, wird als medizinisch-physikalische Erklärung angenommen.

Der Reiz kann auf diese Weise unmittelbar zu den Motorikzentren gelangen. Die Amnesie von Hypnoseerlebnissen, hypnotisch erzeugte Blindheit und Taubheit sowie die multiple Persönlichkeit[9], sind Beispiele dafür (vgl. Janet 1988, S. 238 ff.). In der ersten Hälfte des 20. Jahrhunderts fand die Dissoziationstherapie kaum Beachtung, da die genannten Aspekte zum Teil auch in Freuds Verdrängungstheorie enthalten zu sein schienen (vgl. Hilgard 1989, S. 3 ff.).

2.7.2 Die Neodissoziationstheorie – Ernest R. Hilgard

Der amerikanische Psychologe Ernest R. Hilgard hat Janets Dissoziationstheorie erneut aufgegriffen und nimmt zwischen einem humanistisch-phänomenologischen Standpunkt und einer behavioristischen Haltung, die sich einzig auf das rein beobachtbare Verhalten bezieht,

---

[9] Bei der multiplen Persönlichkeit kann der Patient unter Hypnose unterschiedliche Rollen seiner Persönlichkeit einnehmen (vgl. Kossak 2013, S. 57).

eine Mittelstellung ein. Um den Begriff „hypnotischer Zustand" von anderen Bewusst-seinszuständen abzugrenzen, wird er nicht als ursächliche Bedingung, sondern als beschreibende Variable benutzt (vgl. Hilgard 1969, S. 68 ff.). Im Folgenden werden drei Grundannahmen der Neodissoziationstheorie genannt:

1. Die Neodissoziationstheorie besagt, dass es verschiedene kognitive Systeme der Verarbeitung gibt, die isoliert (dissoziiert) voneinander aktiv sein, aber auch gemeinsam interagieren können.

2. Durch eine übergeordnete Kontrolle werden die einzelnen kognitiven Systeme in ihrer Interaktion und Rivalität angeordnet. In den parallel ablaufenden Handlungen und Gedanken wird durch eine partielle Dominanz Systematik geschaffen.

3. Da es bei den einzelnen kognitiven Strukturen je nach Anforderung zu Änderungen bezüglich ihrer hierarchischen Verhältnisse kommen kann, gibt es für alle kognitiven Systeme eine zentrale Kontroll- und Überwachungsstruktur (vgl. Hilgard 1974, S. 301 ff.).

Ein Phänomen der Dissoziation, das von Hilgard erwähnt wurde, ist der „verborgene Beobachter" (vgl. Hilgard 1984, S. 248 ff.). Der als Metapher eingeführte „verborgene Beobachter", beschreibt eine Gedächtnisstruktur, mit der eine Person Material registriert und speichert, ohne zu realisieren, dass es zuvor zu einem Erleben und Verarbeiten dieses Materials gekommen ist (vgl. Hilgard 1989, S. 13).

2.7.3 Der Kommunikationsansatz – Milton H. Erickson

Milton H. Erickson ist der Begründer eines zwischenmenschlichen Kommunikationsansatzes in der Psychotherapie und Hypnose. Unbewusste Aufnahme- und Reaktionsmöglichkeiten (vgl. Zeig/Rennick 1991, S. 275 ff.) sowie eine Mitarbeit in Richtung der therapeutischen Ziele werden beim Patienten in der Erickson'schen Therapie durch ein individuell zugeschnittenes und komplexes Kommunikationssystem angesprochen und aufgebaut, was eine formale Tranceinduktion ersetzt (vgl. Kossak 2013, S. 61). Hypnose wird beim Erickson'schen Ansatz als interaktionaler Prozess zwischen den Personen und aus Sicht des Patienten definiert, im Vergleich zu traditionellen Definitionen, die versuchten, Hypnose zu objektivieren (vgl. Zeig 1988, S. 353 ff.). Erickson betonte fortwährend die eingeschränkte Bedeutsamkeit von Techniken, die von seinen Nachfolgern in den Vordergrund gestellt wurden (vgl. Sühnel 2007, S. 155 ff.).

2.8 Die Erickson'sche Auffassung von Hypnose

Die moderne Hypnose und Hypnotherapie wurden maßgeblich von Erickson geprägt. Dieser unterstützte auch ihren Einsatz in der Psychotherapie (vgl. Erickson/Rossi 2016, S. 7). Erickson ist als führender medizinischer Hypnotiseur weltweit bekannt. Er nutzte die Hypnose in der Therapie auf verschiedene Arten und beschäftige sich zeitlebens mit Forschungsarbeit (vgl. Hayley 2010, S. 19). Eine hohe Patientenzentriertheit und eine Abkehr von der Pathologisierung der Patienten, ist kennzeichnend für die Hypnotherapie nach Erickson (vgl. Peter 1987, S. 139). Die Potenziale eines Patienten und nicht seine Defizite stehen bei dieser Therapie im Vordergrund.

Die Hypnotherapie nach Erickson gilt als eine ziel-, lösungs- und ressourcenorientierte Therapiemethode. Erickson ging davon aus, dass es effektiver sei, die Selbstheilungsprozesse aus dem Fähigkeits- und Erfahrungsspeicher des Patienten von innen her aufzubauen, anstatt sie dem Patienten von außen einzuflößen (vgl. Mahr 2015, S. 15). Die aktuellen Symptome des Patienten werden als bestmöglicher Lösungsversuch der Vergangenheit und damit als Ressourcen angesehen. Das Unbewusste wird als intrapersonale Kraft des Patienten betrachtet, als eine Instanz inneren Wissens und der Weisheit, die utilisiert werden kann, um Entwicklungsprozesse anzustoßen. Entsprechend dem humanistischen Weltbild ging Erickson davon aus, dass jeder Patient alles, was zur Lösung seiner Probleme benötigt wird, bereits in sich trägt. Des Weiteren nahm er an, dass der Zugang zu diesen inneren Potenzialen mehr im Fokus steht als der Aufbau neuer Fähigkeiten. Psychodynamische Zusammenhänge und die Funktion der Symptome werden in der Erickson'schen Hypnotherapie ebenso berücksichtigt.

Die therapeutische Beziehung verstand Erickson als reziprok und nicht als eine von Dominanz bestimmte, asymmetrische Beziehung zwischen Therapeut und Patient. Dies ist eine weitere Besonderheit seiner Therapie, die im Kontrast zum autoritären und standardisierten Ansatz der Hypnose steht (vgl. Peter 1987, S. 139). Die Veränderung geht bei der von Erickson entwickelten Methode vom Patienten aus. Daher kann von einem „von innen nach außen" orientierten Ansatz gesprochen werden. In der traditionellen Hypnotherapie wird der passiv bleibende Patient hingegen vom Therapeuten mit direkten Suggestionen (vgl. Kapitel 3.5.1) konfrontiert, weshalb die traditionelle Hypnose „von außen nach innen" wirkt. Einem unter Angst leidenden Patienten suggeriert der Therapeut z. B., dass dieser entspannter sein wird (vgl. Zeig 2015, S. 49 ff.).

Da autoritäre Suggestionen gelegentlich ihren Zweck erfüllen, hat die traditionelle Hypnose im therapeutischen Bereich ihren legitimen Platz. Direkte Suggestionen sind jedoch häufig nicht ausreichend, um das angestrebte Ziel zu erreichen, weshalb der Erickson'sche Ansatz in solchen Fällen nach Ansicht von Zeig zum Erfolg verhilft (vgl. Zeig 2015, S. 55). Der Erickson'sche Ansatz ermöglicht eine Therapie, die individuellen Unterschieden Beachtung schenkt und auf den einzelnen Patienten abgestimmt ist (vgl. Zeig 2015, S. 72).

2.8.1 Der autoritäre Ansatz

Der Fokus beim autoritären Ansatz liegt auf dem Therapeuten, seiner Macht und seinem Willen. Die Suggestionen des Therapeuten, der als maßgebliche Wirkkraft für Heilung angesehen wird, lösen beim Patienten veränderte Verhaltens- und Reaktionsweisen aus, indem sie tief in unbewusste Schichten eindringen (vgl. Kaiser Rekkas 2013b, S. 24). Dieser Ansatz wird neben Bernheim auch Liébeault zugerechnet. Sie vertraten die Ansicht, dass das Machtgefälle zwischen Arzt und Patient zur Hypnotisierbarkeit des Patienten führe sowie dazu, dass machtvolle Suggestionen im Unbewussten des Patienten ihre Wirkung entfalten könnten. Heilung sollte erreicht werden, indem direkte Suggestionen und posthypnotische Aufträge (vgl. Kapitel 3.4.4) unmittelbar auf das Symptom gerichtet wurden. Nachhaltige Erfolge wurden durch dieses rein symptomorientierte Vorgehen allerdings nur bei einem kleinen Teil der Patienten erreicht (vgl. Benaguid/Schramm 2016, S. 19).

2.8.2 Der standardisierte Ansatz

Suggestibilität wird in den 1930er-Jahren von Experimentalpsychologen wie Hull und Hilgard als normalverteiltes Persönlichkeitsmerkmal postuliert. Der Ansatz wird „standardisierter Ansatz" genannt, weil die Psychologen beabsichtigten, Verhalten mittels standardisierter Suggestionen direkt zu verändern (vgl. Benaguid/Schramm 2016, S. 19). Das Augenmerk richtet sich bei diesem Ansatz auf den Patienten anstatt auf das Verhalten bzw. die Macht des Therapeuten. Es wird angenommen, dass die Bereitschaft zu hypnotischen Reaktionen ein dauerhaftes Wesensmerkmal des Patienten sei. Aus diesem Grund wendet der Therapeut dieselbe Zusammenstellung standardisierter Suggestionen unverändert auf verschiedene Patienten an (vgl. Gilligan 2008, S. 24 f.). Langwierige Induktionsformen, die ausschließlich über Entspannung und mangelnde Kontextvariablen vorgenommen werden, sind charakteristisch für diesen inflexiblen Ansatz. Misserfolge werden einem Manko an Suggestibilität und Hypnotisierbarkeit angelastet (vgl. Kaiser Rekkas 2013b, S. 24).

2.8.3 Der kooperative Ansatz

Indirekte Suggestionen (vgl. Kapitel 3.5.2), spielen beim Kooperationsansatz eine bedeutendere Rolle als direkte Suggestionen (vgl. Benaguid/Schramm 2016, S. 21). Hier ein Beispiel:

Vielleicht bist Du[10] überrascht, wie einfach es ist, in eine Trance zu sinken, während sich eine tiefe Ruhe und Entspannung wie von selbst in dir ausbreitet und dein Unterbewusstsein sich gleichzeitig für neue Erfahrungen öffnet. (Angela Klein)

Der kooperative Ansatz bezieht die systemischen Rückkoppelungsprozesse mit ein und ist eine Ableitung aus dem Zusammenspiel der modernen Psychotherapien. Die Wechselwirkung zwischen Therapeut und Patient bildet den zentralen Fokus in der Therapie (vgl. Kaiser Rekkas 2013b, S. 24 f.). Der Therapeut, der Patient und die Beziehung zwischen beiden sind als autonome Systeme konzipiert; diese bilden eine zusammenwirkende Triade. Hervorhoben wird bei diesem Ansatz die Annahme, dass Trance grundsätzlich in einem Beziehungskontext auftritt (vgl. Gilligan 2008, S. 28 ff.). Bei der Zusammenarbeit drückt der Therapeut Respekt und Achtung vor den Fähigkeiten des Patienten offen aus und gibt diesem das Gefühl, dass es sich bei der Zusammenarbeit auf gleichem Niveau um eine Konferenz zweier Fachleute handelt. Fixierte Methoden und rigide Prozeduren werden außen vor gelassen. Mit fachlicher Anleitung begleitet der Therapeut den Patienten in Richtung des Therapieziels. Suggestionen werden dabei möglichst vermieden. Die Trance wird als eine Phase des Lernens und der Neuorientierung verstanden (vgl. Kaiser Rekkas 2013b, S. 24 f.).

Die Unterschiede der drei Ansätze:
Beim autoritären Ansatz wird der Macht des Therapeuten die Hauptbedeutung zugesprochen, während beim standardisierten Ansatz die Konzentration auf die Suggestibilität des Patienten in den Mittelpunkt gestellt wird. Der Kooperationsansatz betont hingegen die Wechselwirkung zwischen Therapeut und Patient (vgl. Gilligan 2008, S. 28 ff.).

---

[10] Während der Hypnose hat es sich bewährt, den Patienten mit „Du" anzusprechen, da auf die Du-Form eine bessere Reaktion des Unterbewusstseins erfolgt als auf die Sie-Form. Dies lässt sich damit begründen, dass kindliche Anteile im Patienten eher auf das „Du" als auf das „Sie" hören und der Patient es aus seinem privaten Umfeld gewohnt ist, geduzt zu werden. Der Therapeut weist den Patienten vor der Hypnose daraufhin, dass er ihn während der Hypnose duzen wird. (Angela Klein)

2.8.4 Der Utilisationsansatz

Beim Erickson'schen Utilisationsansatz akzeptiert der Therapeut zunächst das manifeste Verhalten des Patienten und nimmt seinen persönlichen Bezugsrahmen zur Kenntnis, wie es bei den meisten anderen Psychotherapieformen auch der Fall ist. Indem der Therapeut die Welt des Patienten akzeptiert und sich selbst öffnet, fördert er nicht nur die Offenheit des Patienten, sondern auch dessen Fähigkeit, ihn (den Therapeuten) ebenso zu akzeptieren (vgl. Erickson/Rossi 2013, S. 80). Im Rahmen des Utilisationsansatzes gibt es vier zentrale Schritte der Ressourcenorientierung, -aktivierung und des Ressourcentransfers.

Der Therapeut ergründet im ersten Schritt, an welchen Stellen der Patient über Ressourcen verfügt. Im zweiten Schritt erkennt er das Wertesystem des Patienten bzw. findet heraus, was der Patient schätzt und was er nicht mag. Die Werte des Patienten können ebenso Ressourcen sein. Im dritten Schritt erfolgt die Ressourcenentfaltung, indem der Therapeut die Werte des Patienten nutzt. Die entweder direkt oder indirekt entfalteten Ressourcen verbindet der Therapeut im vierten Schritt mit dem Problem des Patienten (vgl. Zeig 2005, S. 62). Utilisation kann als die effektive Nutzung des hypnotischen Erlebens zum Wohle des Patienten bezeichnet werden (vgl. Araoz 1993, S. 60).

2.9 Mythen und Vorurteile

Obwohl die moderne Hypnotherapie seit Jahrzehnten auf dem Vormarsch ist (vgl. Mahr 2015, S. 15) und es sich bei der Hypnose um ein effektives therapeutisches Instrument handelt, das in vielen Bereichen der Psychotherapie und Medizin eingesetzt werden kann, ist die Hypnose mit Vorurteilen behaftet (vgl. Müller/Strickel 2010, S. 13). Es existieren Vorstellungen von Machtlosigkeit, Manipulation, Willenlosigkeit und Unterwerfungsbeziehungen (vgl. Mahr 2015, S. 15). Dem Laien erscheint Hypnose in der Regel als ein Zustand, der durch den Hypnotiseur und seine besondere Begabung herbeigeführt wird.

Es wird angenommen, dass der Hypnotiseur die Macht über den Hypnotisierten gewinnt und ihn steuern kann (vgl. Meiss 2016, S. 87), sodass dieser willenlos Befehle ausführt und Leistungen vollbringt, die ihm gewöhnlich nicht möglich sind und an die er sich im Wachzustand nicht mehr erinnern kann. Die Öffentlichkeit entnimmt dieses Bild von Hypnose aus Sensationsberichten in den Medien über Bühnenhypnose. Derartige Berichte zeichnen nicht nur ein falsches Bild von Hypnose, sondern erzeugen beim Laien darüber hinaus unrealistische Erwartungen und Ängste über Verlauf und Dauer einer Therapie mit Hypnose. Nach Kossak gehen manche Patienten ohne Hypnoseerfahrung davon aus, dass es sich bei der Hypnose um einen vollkommen anderen Bewusstseinszustand handele. Aufgrund dessen hätten sie Angst davor, in Trance zu fallen. Löst der Therapeut diesen Mythos im Erstgespräch auf, trägt dies in der Regel zu einer verbesserten Kommunikation mit dem Patienten bei (vgl. Kossak 2013, S. 249).

Im Erstgespräch geht der Therapeut daher darauf ein, dass es gewisse falsche Vorstellungen von Hypnose gibt, unabhängig davon, ob der Patient diese kennt und sich ihretwegen Sorgen macht oder nicht (vgl. Philips/Claire 2015, S. 51). Zu diesen falschen Vorstellungen zählt die Annahme, dass Hypnose das Gleiche sei wie Schlaf. Obwohl eine Person, die sich in Hypnose befindet, häufig so aussieht, als schlafe sie, ist Hypnose keine Form von Schlaf (vgl. Kossak 2013, S. 250). Der Hypnosezustand lässt sich vom Schlafzustand im EEG eindeutig abgrenzen, was durch einen Vergleich der jeweiligen EEG-Muster deutlich wird (vgl. Jacobs/Bosse-Dülker 2009, S. 27).

Weitere irrige Überzeugungen sind, dass Hypnose eine abnorme und außergewöhnliche Erfahrung sei (vgl. Kossak 2013, S. 250) und dass im Hypnosezustand etwas gegen den eigenen Willen (des Patienten) geschehen könnte. Jedoch kann der Therapeut einen Patienten nicht gegen seinen Willen hypnotisieren, und der Patient behält während der Sitzung die Kontrolle (vgl. Daitch 2016, S. 69 ff.). Der Patient ist sich der Vorgänge während der Hypnosesitzung bewusst und kann sich nach Beendigung des Trancezustandes in der Regel an alles erinnern (vgl. Jacobs/Bosse-Dülker 2009, S. 100).

Es gibt allerdings Fälle, in denen es zu einer vollständigen Amnesie in der Hypnose kommt und der Patient keinerlei Erinnerung an die Hypnose zurückbehält. In der Regel wird eine Amnesie vom Therapeuten suggeriert, wenn der Patient zu einem gewissen Zeitpunkt noch nicht dazu in der Lage ist, z. B. Erinnerungen an ein traumatisches Ereignis, mit denen er im Hypnosezustand konfrontiert wird, zu verarbeiten (vgl. Müller/Strickel 2010, S. 25).

Im Folgenden werden die Begriffe Suggestion, Suggestibilität und Hypnotisierbarkeit definiert und erläutert. Zudem wird auf neurobiologische Grundlagen der Hypnose eingegangen.

3. Suggestion, Suggestibilität, Hypnotisierbarkeit und Neurobiologie der Hypnose

3.1 Begriffsdefinition

Sprachliche Formulierungen, die vom Therapeuten verwendet werden, um beim Patienten eine Vorstellung, eine körperliche Empfindung oder ein Verhalten bzw. eine Verhaltensänderung zu bewirken, werden seit Einführung des Begriffs durch James Braid [11] als Suggestionen definiert. Abgeleitet ist der Begriff vom lateinischen *suggerere* (zuführen/unterschieben) bzw. *suggestio* (Hinzufügung, Eingebung oder Einflüsterung). Suggestionen werden angesichts dieser Wortbedeutung vereinzelt mit Manipulation assoziiert (vgl. Benaguid/Schramm 2016, S. 18).

3.2 Abgrenzung zwischen Suggestion und Hypnose

Auch wenn der Begriff der Suggestion im Zusammenhang mit Hypnose verwendet wird, kann die Suggestion unabhängig von der Hypnose bestehen (vgl. Weitzenhoffer 1980, S. 252 ff.) und wirksam sein (vgl. Sheehan/Perry 1976, S. 55). Eine Suggestion, die ihre Wirkung ohne vorherige Tranceinduktion entfaltet, wird als Wachsuggestion bezeichnet (vgl. Müller/Strickel 2010, S. 47). Die Induktion hat kaum Einfluss auf die Reaktionsbereitschaft auf Suggestionen. Aus diesem Grund werden primär die Auswirkungen von Suggestionen von gegenwärtigen Hypnotisierbarkeitsskalen gemessen (vgl. Weitzenhoffer 1980, S. 252 ff.). Durch Hypnoseinduktionen ist die Suggestibilität nur geringfügig zu beeinflussen. Die Suggestibilität im Wachzustand und die hypnotische Suggestibilität korrelieren miteinander (vgl. Sheehan/Perry 1976, S. 55).

Ob eine Wachsuggestion jegliche Effekte realisieren kann, die durch eine Suggestion in Trance hervorgerufen werden können, ist nach Ansicht von Müller und Strickel zweifelhaft. Suggestionen im Wachzustand rufen bei manchen Menschen keine Wirkung hervor, im Vergleich zu Suggestionen in Trance, die ihre Wirkung bei diesen Menschen entfalten. Bei der Anwendung von Suggestionen erweist sich nach der Erfahrung der Autoren eine vorhergehende Einleitung als hilfreich, da die Suggestibilität im hypnotischen Zustand gesteigert wird. In vielen Fällen trägt dies zum Therapieerfolg bei (vgl. Müller/Strickel 2010, S. 47). Das Hypnoseverhalten wird jedoch nicht allein durch die Wortformulierungen von Suggestionen bestimmt. Die Reaktionsrate auf Suggestionen ist nach der Erfahrung von

---

[11] James Braid war ein englischer Arzt und Hypnoseforscher, der den Begriff „Hypnose" etablierte. Er gilt als Vater der modernen Hypnose (vgl. Peter 2004, S. 568).

Bertrand bei Patienten höher, wenn sie angeleitet werden, hypnotische Suggestionen in einer bestimmten Art und Weise zu interpretieren (vgl. Bertrand 1989, S. 18 ff.).

Hypnotische Suggestionen instruieren nicht explizit, eine bestimmte (z. B. motorische) Reaktion zu zeigen. Die Suggestion wird passiv nahegelegt, als ein Ereignis, dass beim Patienten eintreten kann. Ein Patient erlebt seine eigenen Handlungen laut Spanos nicht mehr als zielgerichtet und selbst ausgelöst, wenn er durch passive Formulierungen dazu eingeladen wird, sich widersprüchlich zur Situation zu verhalten. Diese Art von Suggestionen sind für verschiedene Interpretationen offen, so z. B. für die Interpretation den Arm unabsichtlich zu heben oder unbeteiligt abzuwarten, bis sich der Arm „von selbst" anhebt (vgl. Spanos 1991, S. 79 ff.).

Hypnotisches Verhalten kann ohne (verbale) Suggestion bei bestimmten Reizkonstellationen auftreten. Dazu zählt z. B. die Autobahnhypnose *(highway hypnosis)* (vgl. Shor/Thackray 1970, S. 103 ff.). Durch die monotone visuelle Reizung treten auf einer langen geraden Autobahnstrecke bei konstantem Fahrtempo verschiedene Phänomene auf, die als Hypnose bezeichnet werden können. Nach Wertheims Hypothese über die „Autobahnhypnose" (langes Fahren auf Autobahnen einerseits und anderen Straßen z. B. Hauptstraßen, Nebenstraßen, andererseits) – gibt es Unterschiede in der Vorhersagbarkeit des Bewegungsmusters der visuellen Stimulation in der Augenmuskulatur und in der Art der Rückmeldung, die in der visuellen Informationsverarbeitung verwendet wird. Letztlich führt dies zu Wachsamkeitsunterschieden zwischen beiden Straßentypen.

In einer Studie von Cerezuela et al. wurde nach empirischen Belegen für diese Hypothese gesucht, basierend auf den Daten, die während der tatsächlichen Fahrerfahrung einer Gruppe auf einer Autobahn und einer anderen Gruppe auf herkömmlichen Straßen aufgezeichnet wurden. Die Ergebnisse dieser Studie unterstützen Wertheims Hypothese teilweise, da sich die Schläfrigkeit sowohl auf Autobahnen als auch auf anderen Straßen während der letzten Fahrzeit, aber nicht während der Startphase als höher erwies. Dieses Ergebnis konnte durch die Tatsache erklärt werden, dass während der ersten Fahrperioden die Effekte der Stimulusbewegungsvorhersagbarkeit noch nicht sichtbar wurden, da sie erst nach einer langen Fahrt auftreten (vgl. Cerezuela et al. 2004, S. 1045 ff.).

3.3 Nutzen der Suggestion

Die im Patienten bereits vorhandenen natürlichen geistigen Mechanismen, Assoziationen, Potenziale und Lebenserfahrungen, die in manchen Fällen außerhalb seines gewöhnlichen Kontrollspielraums liegen, können durch den Prozess der Suggestion aktiviert, blockiert oder verändert werden. Durch die therapeutische Suggestion kann es dem Patienten gelingen, Zugang zu seinen eigenen Fähigkeiten zu gewinnen, damit er diese zur Problemlösung verwenden kann (vgl. Erickson et al. 2016, S. 36 ff.).

3.4 Suggestibilität

Die Fähigkeit und Bereitschaft einer Person (vgl. Gheorghiu 1996, S. 125 ff.), auf (von außen gegebene) Aussagen oder Anweisungen (Suggestionen) zu reagieren, kann als Suggestibilität bezeichnet werden. In der Geschichte der Hypnose wurde der Begriff „Suggestibilität" in unterschiedlichen Bedeutungen verwendet und häufig mit dem Begriff „Hypnotisierbarkeit" gleichgesetzt (vgl. Benaguid/Schramm 2016, S. 18). Heute wird von Hypnotisierbarkeit statt von Suggestibilität gesprochen (vgl. Christensen 2005, S. 281 ff.). Ein Zusammenspiel von internalen (Personen-) und externalen (Situations-, Kontext-)Faktoren ist ein Kennzeichen der Suggestibilität. Bei der Suggestibilität handelt es sich zum einen um eine überdauernde, stabile Persönlichkeitseigenschaft *(Trait)* und zum anderen um die Bereitschaft, in bestimmten Situationen gegebenen Suggestionen zu folgen. Beim Letzteren geht es um ein zustands- und situationsabhängiges Merkmal *(State)*. Die Suggestibilität wird durch einen Trancezustand erhöht (vgl. Benaguid/Schramm 2016, S. 18).

Jede Vorstellung, die vom Gehirn angenommen wird, ist eine Suggestion, und jede Suggestion hat das Bestreben, sich zu realisieren. Das menschliche Gehirn strebt danach, eine Vorstellung anzunehmen und in Handlung umzusetzen. Dieser Vorgang wird durch die Aufmerksamkeit, die Vernunft und die Urteilskraft, die den Kontrollapparat des Gehirns darstellen, eingeschränkt (vgl. Liebecke 2012, S. 5). Eine Person kann umso leichter hypnotisiert werden, je beeinflussbarer und psychisch gesunder sie ist. Patienten mit einer durchschnittlich guten Suggestibilität eignen sich für eine Hypnosetherapie am besten, während wachsuggestive therapeutische Verfahren für hoch suggestible Patienten annehmbarer und daher vorzuziehen sind. Die Bereitschaft zur Zusammenarbeit mit dem Therapeuten und dazu, ihm während der Hypnose die Führung zu überlassen, ist mit der Fähigkeit zur Suggestibilität verknüpft.

Ein Bedürfnis nach Unterordnung ist beim Patienten nicht erforderlich, um diese Hingabebereitschaft bei ihm hervorzurufen. Die Einleitung einer Hypnose wird allerdings durch ein subordinativ getöntes Verhalten erleichtert (vgl. Stockmeier 1984, S. 47 f.). Bei einer Person mit hoher Suggestibilität oder hoher Erwartung an die Hypnose als Heilverfahren bedarf es im psychotherapeutischen Kontext keiner aufwendigen Tranceinduktionen. Um in einen Trancezustand zu gelangen, ist die Aufforderung des Patienten, in Trance zu gehen, nach der Erfahrung von Benaguid und Schramm bereits ausreichend (vgl. Benaguid/Schramm 2016, S. 140 f.). Für das Gelingen einer Hypnose ist neben der allgemeinen Suggestibilität die situationsabhängige Beeinflussbarkeit ausschlaggebend (vgl. Stockmeier 1984, S. 47 f.). Die Suggestibilität wird als wesentlicher Prädiktor für Auswirkungen beschrieben, die durch hypnotische Interventionen [12] verursacht werden. In einer Metaanalyse wurde aus zehn Studien die Größe der Wirkung von hypnotischer Suggestibilität auf hypnotische Ergebnisse in klinischen Kontexten verglichen. Die Ergebnisse zeigten eine statistisch signifikante Gesamteffektgröße im kleinen bis mittleren Bereich ($r = 0,24$; 95 Prozent Konfidenzintervall = -0,28 bis 0,75), was darauf hinweist, dass eine hohe hypnotische Suggestibilität zu größeren Wirkungen von Hypnoseinterventionen führte, jedoch lediglich mit einer Varianzaufklärung von sechs Prozent (vgl. Montgomery et al. 2011, S. 294 ff.).

3.5 Suggestionsarten

3.5.1 Direkte Suggestionen

Therapeutische Botschaften können zwei Kategorien zugeordnet werden, der direkten und der indirekten Suggestionen. Für die Entwicklung einer funktionierenden therapeutischen Beziehung sind beide unverzichtbar (vgl. Zeig 2015, S. 176 f.). Durch eine direkte Suggestion, die an den bewussten Verstand appelliert, wird ein bestimmtes Verhalten beim Patienten ausgelöst, wenn er mit der Suggestion einverstanden ist und die Fähigkeit besitzt, ihr willentlich Folge zu leisten (vgl. Erickson/Rossi 2013, S. 34). Ein Beispiel für eine direkte Suggestion könnte wie folgt lauten: *Dein linker Arm wird schwerer und schwerer. (Angela Klein)*

---

[12] Bei hypnotherapeutischen Interventionen handelt es sich um eine Gruppe von Verfahren, denen bestimmte Merkmale gemeinsam sind und die einen hohes Maß an Differenzierung aufzeigen. Einige Interventionen sind symptomorientiert, andere klärungsorientiert. Manche Interventionen zielen auf biochemische und physiologische Prozesse, andere Interventionen auf affektive Verarbeitung und kognitive Umstrukturierung (vgl. Revenstorf 2003, S. 6).

3.5.2 Indirekte Suggestionen

Durch eine indirekte Suggestion werden beim Patienten unbewusste innere Suchprozesse evoziert. Die indirekte Suggestion exploriert und fördert den Patienten bzw. dessen Reaktionssystem auf einer autonomen Ebene, wodurch dem Patienten das Erleben neuer Reaktionsmöglichkeiten erleichtert wird (vgl. Erickson/Rossi 2013, S. 35). Durch dieses Vorgehen wird die Mitarbeit des Patienten verbessert (vgl. Kossak 2013, S. 61 f.). Die individuelle Eigenart, bisherige Lebenserfahrungen und Potenziale des Patienten können mithilfe einer indirekten Suggestion zum Ausdruck kommen (vgl. Zeig 2015, S. 176 f.). Der Patient kann die neu aufgedeckten Ressourcen für Veränderungen einsetzen (vgl. Kossak 2013, S. 61 f.).

Der Zusammenhang zwischen der suggestiven Aufforderung und der gewünschten Suggestion, ist bei der indirekten Suggestion bewusst nicht oder nur wenig erkennbar. Somit nimmt der Patient nicht bewusst wahr, dass es sich um eine Aufforderung handelt (vgl. Gunther 2017, S. 156 f.). Empfehlenswert ist eine indirekte Suggestion dann, wenn eine direkte Suggestion vom Patienten als zu direktiv und autoritär empfunden wird und diese infolgedessen Widerstände mobilisiert (vgl. Müller/Strickel 2010, S. 47). In der Hypnosetherapie eignen sich für die Mehrheit der Patienten (vgl. Benaguid/Schramm 2016, S. 140 f.) indirekte Formulierungen, um eine Trance zu induzieren (vgl. Peter 2015a, S. 37). Für die Beeinflussung von Veränderungen der Responsivität, sind indirekte Methoden wesentlich (vgl. Erickson/Rossi 2015b, S. 105 ff.).

Formen indirekter Suggestionen können Zitate, eingebettete Befehle, eine Bestätigungsfrage, dissoziationsfördernde Aussagen und das Yes-Set sein (vgl. Kapitel 6.1) (vgl. Zeig 2015, S. 187). Hier ein Beispiel für eine indirekte Suggestion: *Früher oder später merkst Du vielleicht, dass sich eine angenehme Schwere in deinem linken Arm ausbreitet. (Angela Klein)*

3.5.3 Offene Suggestionen

Mit der Verwendung einer offenen Suggestion gelingt es dem Therapeuten, die für den Patienten am ehesten verfügbaren Reaktionsmöglichkeiten zu explorieren und nutzbar zu machen. Dies ist gleichermaßen auf der Ebene der bewussten Wahl und auf der Ebene des unbewussten Determinismus wertvoll. Im Wachzustand gestattet die offene Suggestion dem Patienten Selbstbestimmung, und im Trancezustand hat das Unbewusste die Möglichkeit, die angemessensten Mittel zur Ausführung einer therapeutischen Reaktion auszuwählen. Demnach gibt nicht der Therapeut vor, was der Patient zu lernen hat, sondern der Patient lernt, was er möchte, und zwar in der Reihenfolge, die er selbst bevorzugt (vgl. Erickson/Rossi 2013, S. 46).

Ein Beispiel für eine offene Suggestion (bei Patienten mit Angststörungen) könnte wie folgt lauten:

Du hast Potenziale, deren Du dir nicht bewusst bist. Dein Unterbewusstsein hat Zugang zu Gedanken, Gefühlen und Erinnerungen, die mit deiner Angst im Zusammenhang stehen. Im Moment weißt Du noch nicht, was davon zur Bewältigung deiner Angst am hilfreichsten sein wird, aber dein Unterbewusstsein wird nach dem nützlichsten Werkzeug und dem geeignetsten Weg suchen, um deine Angst zu überwinden. (Angela Klein)

Ein weiteres Beispiel:
Früher oder später wirst Du spüren, dass sich dein rechter Arm oder dein linker Arm ein wenig bewegt, vielleicht von selbst. Er kann sich seitwärts oder nach oben oder unten bewegen. Möglicherweise bewegt er sich langsam oder schnell, oder vielleicht bewegt er sich auch gar nicht. Vielmehr kommt es darauf an, dass Du genau hineinspürst, welche Gefühle dabei hervorgerufen werden. (Angela Klein)

3.5.4 Posthypnotische Suggestionen

Posthypnotische Suggestionen sind Suggestionen, die während der Hypnose gegeben werden, ihre Wirkung aber erst nach Beendigung der Hypnose entfalten. Alternativ kann der Ausdruck „posthypnotischer Auftrag" verwendet werden. Korrekter ist es jedoch, von einer „posthypnotischen Aufgabe" zu sprechen, da der Begriff „posthypnotisch" (im Anschluss an die Hypnose) einen falschen Eindruck erweckt. Nach der Hypnose werden keine Suggestionen mehr gegeben (vgl. Scholz et al. 2008, S. 117). Hier ein Beispiel für eine posthypnotische Suggestion (bei Redeangst):

Ich werde dir gleich eine Suggestion geben, die Du anschließend wieder vergisst. Diese Suggestion wird ihre Wirkung erst nach der Trance entfalten. Die Suggestion, die ich dir gleich gebe, bleibt nur in deinem Unterbewusstsein gespeichert und dein Bewusstsein wird sie einfach vergessen.

Suggestion: *Jedes Mal, wenn Du vor vielen Menschen einen Vortrag hältst, fühlst Du dich selbstsicher.*

Und nun wirst Du diese Suggestion vergessen. Dein Unterbewusstsein wird sich an die Suggestion erinnern, sobald Du dich in einer entsprechenden Situation befindest und dein Bewusstsein vergisst die Suggestion einfach, die ich dir gerade gesagt habe. (Angela Klein)

3.5.5 Vergleich der vier Suggestionsarten

Direkte Suggestionen wählen den Weg über den bewussten Verstand, während *indirekte Suggestionen* den unbewussten Weg gehen. *Offene Suggestionen* verwenden beide Zugangsmöglichkeiten (vgl. Revenstorf 1990, S. 7). Auch für *posthypnotische Suggestionen* gilt die bewusste und unbewusste Kommunikation gleichermaßen (vgl. Erickson/Rossi 2015a, S. 283). Sowohl die *direkte Suggestibilität* (offene Einflussnahme) als auch die *indirekte Suggestibilität* (verborgene Einflussnahme) beziehen sich auf die Art der Ausführung von Suggestionen, wobei die Relevanz dem jeweiligen Anwendungsbereich der Suggestionen zukommt. Wird ihr Anwendungsbereich auf die körperbezogenen motorischen Phänomene beschränkt, besteht zwischen direkter und indirekter Suggestibilität eine positive Korrelation (vgl. Kossak 2013, S. 94).

3.6 Hypnotisierbarkeit und neurobiologische Grundlagen der Hypnose

3.6.1 Hypnotisierbarkeit

Die Fähigkeit eines Menschen, hypnotisiert zu werden und/oder zu einer bestimmten Tiefe in der Hypnose zu gelangen, kann als Hypnotisierbarkeit charakterisiert werden (vgl. Weitzenhoffer 1989, S. 63 ff.). Bei der Hypnotisierbarkeit handelt es sich um ein wesentliches Konstrukt der Hypnose. Hochhypnotisierbare Versuchspersonen weisen spezifische Veränderungen ihrer Gehirnaktivität in Hypnose auf, niedrighypnotisierbare Probanden jedoch nicht, wie bildgebende Verfahren zeigen. Diese charakteristischen Aktivierungsmuster sind bei Hochsuggestiblen in der Regel nur in Hypnose, nicht aber im Wachzustand festzustellen (vgl. Krause/Riegel 2015, S. 119).

Als hochsuggestibel werden Personen benannt, die durch gezielte hypnotische Suggestionen schnell und ohne Mühe in einen tiefen, entspannten Trancezustand gelangen. Personen die kaum bzw. gar nicht auf Hypnose ansprechen, werden als niedrigsuggestibel bezeichnet (vgl. Halsband/Herfort 2007, S. 8 f.). Wegen der Trancelogik[13] verhalten sich Hochhypnotisierbare

---

[13] Der Begriff „Trancelogik" wurde von dem Psychologen Marin T. Orne geprägt und kennzeichnet das „Sowohl-als-auch"-Erleben in Trance (z. B. „schwere Leichtigkeit"), das sich von der „Entweder-oder"-Logik des alltäglichen Wachzustandes abgrenzen lässt. Danach können in Trance scheinbare Widersprüche nebeneinander bestehen und kreativ eingefügt werden. Dies ist nicht nur bei klinischen Konflikten bedeutsam (vgl. Roth/Fyba 2016, S. 275).

sichtbar anders als Niedrighypnotisierbare die simulieren (vgl. Orne 1979, S. 21 ff.). Bei der hypnotischen Trance handelt es sich demnach um einen besonderen Bewusstseinszustand, worauf die genannten Ergebnisse hindeuten. Dieser kann in der klinischen Hypnose für therapeutische Veränderungen genutzt werden (vgl. Krause/Riegel 2015, S. 119). Rein pragmatisch betrachtet ist Hypnotisierbarkeit die Fähigkeit, auf Hypnose-Instruktionen zu reagieren (vgl. Kirsch/Braffman 1999, S. 224 ff.). Die Hypnotisierbarkeit wird durch positive Erwartungshaltungen des Patienten gegenüber der Hypnose und seinen eigenen Hypnosefähigkeiten erhöht (vgl. Kirsch 2001, S. 69 ff.).

Durch eine vertrauensvolle Therapeut-Patient-Beziehung kann eine Verbesserung der Hypnotisierbarkeit des Patienten erfolgen (vgl. Lynn et al. 1991, S. 739 ff.). Einfluss auf die Verhaltensweisen, die als hypnotisch bezeichnet werden, haben Variablen wie Erwartung, Einstellungen, Status des Therapeuten, Vorabinformationen bezüglich Hypnose und das Verhalten, das der Patient unter Hypnose zeigt. Die Bereitschaft, auf die Hypnose zu reagieren, ist insgesamt durch diese Faktoren beeinflussbar (vgl. Kirsch 2001, S. 69 ff.). Auch eine hoch hypnotisierbare Person, die eine Modellfunktion übernimmt, indem sie über ihre Hypnoseerfahrungen berichtet, kann die Wahrscheinlichkeit des Auftretens hypnotischer Reaktionen bei ihren Beobachtern erhöhen (vgl. Diamond 1972, S. 174 ff.).

Nach Expertenmeinung sind nicht alle Patienten gleichermaßen hypnotisierbar, da manche Patienten stark und unmittelbar auf Techniken direkter Hypnose reagieren, wohingegen andere nicht einmal nach einem ausgiebigen speziellen Training darauf ansprechen. Ob Menschen, die bei einer standardisierten Einschätzung ihrer Hypnotisierbarkeit nicht gut abschneiden, auf flexiblere hypnotische Ansätze positiver reagieren, die im interpersonellen Kontext einer sich entwickelnden therapeutischen Beziehung angewandt werden, ist in diesem Zusammenhang die entscheidende klinische Frage. Über die Fähigkeit, in der hypnotischen Beziehung aus dem eigenen Erleben heraus zu reagieren, verfügt aus Erickson'scher Sicht jeder Mensch (vgl. Philips/Claire 2015, S. 53).

3.6.2 Forschungsergebnisse zur Hypnotisierbarkeit

Was die Auswirkungen der Hypnotisierbarkeit auf den Therapieerfolg betrifft, wurde in einer Metaanalyse von Rominger, die Effektivität von hoch- und niedrighypnotisierbaren Probanden verglichen. Rominger stellte fest, dass von hypnotherapeutischen Interventionen 76 Prozent der hochhypnotisierbaren Versuchspersonen, aber lediglich 24 Prozent der niedrighypnotisierbaren Versuchspersonen profitierten (vgl. Rominger 1995). Der Zusammenhang zwischen der Hypnotisierbarkeit und dem Erfolg der Therapie ist am meisten für Schmerzen belegt (vgl. Milling et al. 2010). Auch konnte ein positiver Bezug zwischen der Hypnotisierbarkeit und der erfolgreichen Behandlung somatoformer Störungen festgestellt werden (vgl. Flammer/Alladin 2007, S. 251 ff.).

Eine weitere positive Verknüpfung zwischen der Hypnotisierbarkeit und dem Erfolg der Therapie entdeckten van Dyck und Spinhoven bei Agoraphobikern mit Panikstörung in einer Kombination von Verhaltenstherapie mit Hypnose (vgl. van Dyck/Spinhoven 1997, S. 86 ff.). Es sind jedoch noch andere Variablen an einer erfolgreichen hypnotherapeutischen Intervention beteiligt, worauf die mittleren oder teilweise fehlenden Verbindungen zwischen der Hypnotisierbarkeit und dem Therapieerfolg hinweisen (vgl. Krause/Riegel 2015, S. 117). Im HGSHS:A[14] weisen Frauen eine höhere objektive und subjektive Hypnotisierbarkeit auf als Männer (vgl. Cardeña et al. 2007, S. 154 ff.). Wenn die Hypnoseinduktion mit bestimmten imaginativen Suggestionen kombiniert wird, kann Hypnotisierbarkeit eine nützliche Prognose der Hypnosewirkung sein (vgl. Milling et al. 2010, S. 126 ff.). Zwischen der Suggestibilität und dem Behandlungserfolg besteht jedoch keine direkte Verbindung (vgl. Lynn et al. 2008, S. 151 ff.).

Bis zu einem gewissen Grad kann Hypnotisierbarkeit trainiert werden. Für den Erfolg einer Therapie mit Hypnose ist Hypnotisierbarkeit allerdings nur eines von mehreren Kriterien und somit nicht von übergeordneter Bedeutung. Der Kosten-Nutzen-Aspekt in der Psychotherapie spricht gegen hypnotisches Arbeiten mit mäßig hypnotisierbaren Patienten. Mit solchen Patienten kann auf andere Arten therapeutisch gearbeitet werden. Hypnotisierbarkeit bedeutet aus Sicht des psychophysiologischen Forschers eine erhöhte psychophysiologische Flexibilität. Damit ist eine größere Flexibilität im Denken, Fühlen und Wahrnehmen gemeint, die auch eines der Merkmale von Personen in hypnotischer Trance ist.

Für eine erfolgreiche Therapie mit Hypnose sind sowohl die Fähigkeit zur Hypnose als auch der hypnotische Zustand selbst – die Fähigkeit und Bereitschaft des Patienten, sich auf das hypnotische Ritual einzulassen – erleichternde Bedingungen (vgl. Peter 1998, S. 149 ff.). Die Hypnotisierbarkeit hat wahrscheinlich eine dopaminerge Grundlage, wie Experimente nahelegen (vgl. Levin et al. 2011, S. 399 ff.) und ist ein stabiles angeborenes Merkmal, das möglicherweise vererbbar sein kann (vgl. Morgan et al. 1974, S. 249 ff.). Dabei sind die Gene des dopaminergen Systems relevant (vgl. Raz 2005, S. 237 ff.). Eine beachtliche Stabilität der Hypnotisierbarkeit innerhalb eines Zeitraums von 25 Jahren entdeckten Piccione et al. (vgl. Piccione et al. 1989, S. 289 ff.). Es gibt Anhaltspunkte auf eine genetische Determination der Hypnotisierbarkeit, worauf Forschungen hinweisen (vgl. Morgan/Hilgard 1973, S. 78 ff.).

---

[14] **HGSHS:A** (*Harvard Group Scale of Hypnotic Susceptibility, Form A*), *ist ein* amerikanischer Hypnosetest (vgl. Nash/Barnier 2008, S. 276 f.)

Trotz allem existieren Beweise dafür, dass Hypnotisierbarkeit veränderbar ist. Sowohl situative, kontextabhängige Variablen als auch fortbestehende Eigenschaften haben Einfluss darauf. Die Hypnotisierbarkeit verändert sich außerdem mit der Tageszeit und dem Lebensalter. Einen Höhepunkt erreicht sie bei Frühaufstehern um 10 Uhr und einen weiteren um 14 Uhr sowie für Nachtmenschen um 13 Uhr und zwischen 18 und 21 Uhr (vgl. Wallace 1993, S. 827 ff.).

3.6.3 Neurobiologische Funktionen und Aktivitäten in Hypnose

Es kommt während eines hypnotischen Trancezustands zu verschiedenen hirnphysiologischen Veränderungen. Die subjektiv erlebten Veränderungen die im Rahmen einer Trance als wirklich erlebt werden, unterscheiden sich von einer reinen Vorstellung. Dies konnte der kognitionsforscher Stephen Kosslyn auf hirnphysiologischer Ebene beweisen. Hochsuggestible Personen wurden von Kosslyn in Trance versetzt. Ihnen wurde eine Karte mit einem farbigen Muster gezeigt und suggeriert, dass dieses Muster aus Grautönen bestehe. Jene Hirnareale, die für die Farbwahrnehmung zuständig sind, reduzierten daraufhin ihre Aktivität. Dieselben Areale erhöhten ihre Aktivität, wenn Kosslyn den Personen suggerierte, dass eine grau getönte Karte bunt sei. In diesen Experimenten folgte die Aktivitätsreduzierung bzw. -steigerung nicht der objektiven Wirklichkeit, also dem, was die präfrontalen Kortexareale den Personen sagten, was sie sehen sollten (vgl. Kosslyn et al. 2000, S. 1279 ff.).

Die Ergebnisse weiterer aktueller neurobiologischer Untersuchungen mit bildgebenden Verfahren zeigen, dass ein Zustand von „Hypofrontalität" durch Hypnose herbeigeführt wird, im Sinne einer veränderten Funktion des dorsolateralen Präfrontalkortext und des orbitofrontalen Kortex mit verminderter Kritikbereitschaft und somit erhöhter Suggestibilität. In gewissem Sinne stellt die hypnotische Trance damit einen „ich-losen" Zustand dar, wenn es zu einer Deaktivierung der für den Selbstbezug zuständigen Hirnregionen, insbesondere des Precuneus und bestimmter medial präfrontaler Areale, kommt. Der Patient kann somit Suggestionen in hypnotischer Trance ohne vorherige Überprüfung auf Übereinstimmung mit seinem alltäglichen Selbstbild annehmen (vgl. Revenstorf 2014, S. 1).

Eine Reihe beeindruckender Phänomene und Prozesse können im Gehirn durch hypnotische Trance ausgelöst werden. Durch moderne Technik können diese erfasst und sichtbar gemacht werden. Dazu zählen (vgl. Halsband 2015, S. 796) „[...] sowohl neurophysiologische Methoden wie das Elektroenzephalogramm (EEG) als auch die funktionelle Bildgebung, die funktionelle Magnetresonanztomografie (fMRT) und die Positronenemissionstomografie (PET)." (Halsband 2015, S. 796) Die Auswirkungen der hypnotischen Trance auf das Gehirn können durch solche Verfahren belegt werden. Ein elementarer Durchbruch in der

Erforschung der neuronalen Grundlagen der Trancezustände (vgl. Kapitel 4.3), war die Erkenntnis, dass eine hypnotische Tranceinduktion zu plastischen Veränderungen im menschlichen Gehirn führt.

Hypnose stellt in der Hirnforschung ein erkennbares Abbild der Hirnfunktionen in einem veränderten Bewusstseinszustand dar. Darin besteht heute aus neurowissenschaftlicher Betrachtungsweise Einigkeit (vgl. Rainville et al. 2002, S. 887 ff.). In Hypnose reagiert das Gehirn auf Suggestionen anders als ohne Hypnose. Der normale Ablauf der Wahrnehmungsverarbeitung lässt sich mittels hypnotischer Suggestionen in der Weise steuern, dass die für die hypnotisch induzierten Veränderungen der Wahrnehmung zuständigen Hirnareale in Bereitschaft gebracht werden, die Veränderungen der Wahrnehmung bestmöglich umzusetzen.

In Untersuchungen gelang auf neurobiologischer Ebene der Nachweis, dass durch hypnotische Trance der Realitätscharakter von Suggestionen erhöht wird (vgl. Halsband/Hinterberger 2010, S. 33 ff.). Der Ablauf der Hypnose während einer Hypnosesitzung ist durch spezifische Aktivitätsmuster des Gehirns gekennzeichnet, beginnend mit der Induktion und Entspannung über Suggestionen bis hin zur Auflösung der Hypnose (vgl. Hinterberger et al. 2011, S. 165 ff.). Nachfolgend werden elektrophysiologische Gehirnmuster während der Induktion aufgezeigt:

Augenschließen: eine zunehmende linke und rechte parietale und occipitale Alphaaktivität, zentraler parientaler sensomotorischer Rhythmus (SMR).

Armlevitation: eine durch die motorische Tätigkeit und/oder die Imagination bedingte Alpha- und SMR-Desynchronisation sowie wahrscheinlich unbewusste Prozesse, die sich auf die Theta-Synchronisation auswirken.

Hypnotische Phase: Die Zunahme der frontalen Alphawellen, die Abnahme der zentralen, frontalen und parietalen Gammawellen in beiden Hemisphären und die Zunahme occipitaler Gammatätigkeit ist typisch.

Vertiefung der Trance: Die Aktivität ist in allen Frequenzbereichen stark und erhöht.

Wachzustand nach der Hypnose: Es besteht ein veränderter Bewusstseinszustand im Vergleich zur Baseline am Anfang, da eine reduzierte Aktivität über alle Frequenzbereiche in weiten zentralen, frontalen und parietalen Arealen vorliegt, während Gammawellen temporal und in den linken und rechten präfrontalen Arealen stark zunehmen. Die Aktivitätsmuster sind symmetrisch und ggf. ein Charakteristikum für einen entspannten, aber aufmerksamen Wachzustand (vgl. Hinterberger et al. 2011, S. 175).

Die kortikalen und subkortikalen Repräsentationsgebiete der meisten kognitiven Funktionen weisen eine klare Hemisphärendominanz auf, wie aus der klinischen Neuropsychologie

bekannt ist (vgl. Diehl 1996, S. 161). Was die Ergebnisse des umfangreichen Forschungs-
bereiches der hemisphärischen Lateralisierung und Asymmetrie betrifft, werden diese hier nur
stichpunktartig aufgeführt. Hochhypnotisierbare neigen in frühen Untersuchungen zu
Blickabweichungen nach links, was einen Hinweis auf die Dominanz der rechts-
hemisphärischen Wirkung darstellt (vgl. Ruben/Reyher 1973, S. 499 ff.).

Eine Beteiligung beider Hemisphären, die auch abhängig von der Aufgabenstellung ist,
zeigen weitere Untersuchungen (vgl. Edmonston/Moscovitz 1990, S. 70 ff.). Zu einem
späteren Zeitpunkt wird auch die Beteiligung der linken Hemisphäre entdeckt (vgl. Jasiukaitis
et al. 1997, S. 158 ff.). Wie Kosslyn zeigt, wird in Hypnose die linke Hemisphäre mehr
aktiviert als die rechte (vgl. Kosslyn et al. 2000, S. 1279 ff.). Der linken Hemisphäre kommt
eine besondere Aufgabe zu, wenn sie visuelle Innenbilder erstellt (vgl. Farah et al. 1990, S.
302 ff.). Während der Hypnose verändern sich die Gehirnaktivitäten. Im Wachzustand
reagieren Hochhypnotisierbare mit einer schnellen Aktivierung der linken Hemisphäre, aber
in Hypnose mit einer schnelleren Aktivierung der rechten Hemisphäre (vgl. Naish 2010, S.
230 ff.). Aus den Untersuchungen kann gefolgert werden, dass die unwillkürliche Richtung
des Blicks, die Informationen über kognitiven Prozesse und Denkstil geben soll (vgl.
Bandler/Grinder 1982), widerlegt (vgl. Francesconi/Francesconi 1984, S. 111 ff.) und
methodisch angezweifelt wurde (vgl. Revenstorf 1985). Zur Erleichterung der
Kommunikation während der Hypnose ist eine „rechtshemisphärische Sprache" auch wenig
nützlich (vgl. Kossak 2013, S. 145).

3.6.4 Hypnotisierbarkeit und Gehirnaktivitäten

Alpha-Aktivitäten: Im entspannten Wachzustand der Hypnose finden sich in der Gehirnaktivität primär Alpha-Wellen mit kurzer Amplitude, wie aus EEG-Ableitungen unter Hypnose bekannt ist. Im Vergleich dazu ist der Schlafzustand durch langwellige Delta- und Theta-
Wellen mit niedrigeren Amplituden gekennzeichnet (vgl. Halsband/Herfort 2007, S. 8 f.).

Beta-1- und Beta-2-Aktivität: Eine bedeutsame Verringerung der Beta-Amplituden wird bei
Hochsuggestiblen unter Hypnose vorwiegend rechtshemisphärisch festgestellt (vgl.
DePascalis/Perrone 1996, S. 163 ff.). Hochhypnotisierbare zeigen im Wachzustand eine
bedeutsame Überlegenheit der Beta-Wellen in der linken Hemisphäre, die unter Hypnose
noch offenkundiger herausgestellt ist (vgl. Varga et al. 1988).

Gamma-Aktivität: In der Entspannungs- und Induktionsphase haben Hochsuggestible im Vergleich zu Geringsuggestiblen bedeutend höhere Gamma-Aktivitäten (40 Hz), was aus deren
höherer selektiver Aufmerksamkeit abgeleitet wird (vgl. Schnyer/Allen 1995, S. 295 ff.).

Theta-Aktivität: Besonders während der Hypnose, aber auch insgesamt zeigen Gering-hypnotisierbare größere hemisphärische Unterschiede als Niedrighypnotisierbare und eine höhere Theta-Aktivität (vgl. DePascalis 1999, S. 117 ff.). Hochhypnotisierbare tendieren eher zu imaginativen und Geringhypnotisierbare mehr zu linguistischen Prozessen. Diese Vermutung wird durch diese und andere EEG-Veränderungen nahegelegt (vgl. Kossak 2013, S. 104). Die Zunahme der Theta-Aktivität in Hypnose bei Hochhypnotisierbaren spricht möglicherweise für deren Fähigkeiten, die Aufmerksamkeit stärker einzuengen (vgl. Crawford/Gruzelier 1992), oder könnte lediglich ein Indiz für Entspannung sein (vgl. Williams/Gruzelier 2001, S. 185 ff.). Hochhypnotisierbare begegnen mutmaßlich der hypnotischen Situation anders als der nichthypnotischen (vgl. Kirsch/Council 1992).

Breitbandaktivität: Vor der Hypnose ist die Gesamt- oder Breitbandaktivität des Gehirns von Hochhypnotisierbaren höher als bei Geringhypnotisierbaren ($p < .02$). Hochhypnotisierbare haben eine größere Anzahl von posterioren Aktivitätszentren (vgl. Isotani et al. 2001, S. 192 ff.). Im MRI werden bei Hochhypnotisierbaren bei posthypnotischen Suggestionen mit und ohne Hypnose im anterioren cingulären Kortex (ACC) und in visuellen Arealen reduzierte Aktivitäten bewirkt. Eine posteriore Aktivität erfolgt hingegen bei Suggestionen, was auf Änderungen im visuellen System hinweist. Hier werden frühe visuelle Verarbeitungsbereiche erreicht (Raz et al. 2005, S. 9978 ff.).

Evozierte Schmerzpotenziale lassen erkennen, dass nach einer Hypoalgesieinduktion psychophysiologische Merkmale von Hochhypnotisierbaren auf eine andere Art verarbeitet werden (vgl. Ray et al. 2002, S. 17 ff.). Evozierte Schmerzpotenziale treten bei Hoch-hypnotisierbaren mehr frontal und temporal als parietal und zentral auf. Infolgedessen verfügen sie über eine vorteilhaftere Schmerzmodulation als die Geringhypnotisierbaren. Auf inhibitorische Prozesse im Verlauf der kognitiven Strategie der Hypnose-Analgesie deuten die frontal-temporalen N2-Aktivitäten hin (vgl. DePascalis et al. 2001, S. 1475 ff.).

Aus diesen Experimenten lässt sich schlussfolgern, dass Hochsuggestible über eine spezielle Art der kognitiven Verarbeitung verfügen, die durch fokussierte Aufmerksamkeit, Aufmerksamkeitsablenkung (vgl. DePascalis/Penna 1990, S. 125 ff.) und holistisches Denken charakterisiert ist (vgl. Crawford 1996, S. 253 ff.). In ihren Vorstellungen erleben sie unwillkürlich eine höhere Anzahl von ganzheitlichen Bildern und vielschichtigen Eindrücken; Personen, die leichter abgegrenzte Einzeleindrücke visualisieren können, die sie dann allmählich zu einem Gesamtbild zusammenstellen, stehen im Kontrast dazu (vgl. Kossak 2013, S. 148).

3.6.5 Hypnose und Oxytocin

Ein komplexer, aber aussichtsreicher Forschungsansatz ist, die Korrelationen zwischen den biochemischen Grundlagen und den Verhaltensweisen eines Individuums zu ergründen. Das Hormon Oxytocin hat im Bereich der Hypnoseforschung immer mehr an Bedeutung gewonnen (vgl. Halsband 2015, S. 808). Der Effekt von Oxytocin kann auch therapeutisch zur erfolgreichen Behandlung von psychischen Störungen verwendet werden, wie klinische Studien erkennen lassen (vgl. Macdonald/Feifel 2013, S. 35). Beim Aufbau einer empathischen Beziehung spielt Oxytocin eine bedeutende Rolle. Aus diesem Grund übernimmt es auch im hypnotischen Rapport eine maßgebliche Funktion. Das Vertrauen und die Compliance der hypnotisierten Person werden durch Oxytocin verstärkt. Das Hormon fördert die Fähigkeit, sich auf die übermittelten Suggestionen einzulassen (vgl. Halsband 2015, S. 809).

In einer kontrollierten Studie von Bryant und Hung aus dem Jahr 2013 wurde nachgewiesen, dass Oxytocin hypnotische Suggestionen verstärken kann. In dieser Studie erhielten hochsuggestible Probanden (N = 28) entweder Oxytocin oder ein Placebo. Auf einen Hinweisreiz hin, sich absonderlich zu verhalten, wie laut zu fluchen, zu tanzen oder zu singen, wurde den Versuchspersonen eine posthypnotische Induktion gegeben. Die Auswertung des Verhaltens geschah doppelblind. Das bedeutet, dass die Gruppenzugehörigkeit weder dem Versuchsleiter noch den Studienteilnehmern bekannt war.

Als Ergebnis zeigte sich, dass die Verhaltensänderung der Probanden, denen Oxytocin verabreicht wurde, nach der posthypnotischen Induktion ausgeprägter war als die der Versuchsteilnehmer aus der Placebogruppe. Insofern legen die Ergebnisse einen suggestionsverstärkenden Einfluss des Oxytocins nahe (vgl. Bryant/Hung 2013). In standardisierten Laborsitzungen wurden des Weiteren bei gesunden Versuchspersonen die Veränderungen des Oxytocin- und Cortisolspiegels während hypnotischer Interaktionen gemessen.

Die Ergebnisse zeigen, dass nicht die hypnotische Empfänglichkeit der Probanden die Veränderung des Oxytocinniveaus bewirkte, sondern die Beziehungserfahrungen. Nahmen die Versuchspersonen eine große Harmonie mit dem Hypnotiseur wahr, stieg ihr Oxytocinniveau im Anschluss an die hypnotische Interaktion an. Das Oxytocinniveau beim Hypnotiseur hingegen erhöhte sich, wenn sich die Probanden an weniger warme emotionale Beziehungen zu den Eltern erinnerten. Interpretiert werden die Ergebnisse nach Maßgabe des sozial-psycho-biologischen Modells der Hypnose (vgl. Varga/Kerkecs 2014, S. 111 ff.).

Das nächste Kapitel ist der hypnotischen Tiefe (Trance) gewidmet und geht neben der Trance als Zustand auf die klassischen Hypnosephänomene sowie auf verschiedene Vertiefungsmethoden ein.

4. Hypnotische Tiefe/Trance

4.1 Begriffsdefinition

Der Begriff Trance, der sich vom lateinischen *transire* (= „hinübergehen") bzw. *transitus* (= „Übergang") ableitet, beschreibt den Übergang von einem Bewusstseinszustand in einen anderen (vgl. Benaguid/Schramm 2016, S. 32). Trance ist nach der Definition von Erickson ein Zustand einer gesteigerten, nach innen gerichteten Aufmerksamkeit (vgl. Mahr 2015, S. 15), während die außen stattfindenden Geschehnisse wahrgenommen werden können und dennoch zeitgleich in den Hintergrund treten (vgl. Benaguid/Schramm 2016, S. 105).

4.2 Trance – Ein natürliches Phänomen

Trance ist ein von innen ausgelöster natürlicher Zustand (vgl. Mahr 2015, S. 15) und ein Prozess, der nach Erickson Ausdruck einer selbstbestimmten Fähigkeit des Individuums ist. Trancezustände treten unwillkürlich und spontan im Alltag auf und werden aus diesem Grund nicht jederzeit als solche bewusst wahrgenommen (vgl. Benaguid/Schramm 2016, S. 32). Viele Alltagssituationen haben einen suggestiven Charakter (vgl. Schwanenberg 2000, S. 35 ff.). Menschen gelangen z. B. bei der Betrachtung eines spannenden Films, eines Sportereignisses, am Computer (vgl. Meiss 2015, S. 110 f.), beim Lesen eines fesselnden Romans oder bei Tagträumen in Trance (vgl. Gilligan 2008, S. 37). Auch bei einer Autofahrt gelangen Menschen häufig in Trance. Es kann passieren, dass jemand mit dem Auto zum Einkaufen fahren möchte und plötzlich feststellt, dass er sich stattdessen auf dem Weg zu seiner Arbeitsstelle befindet (vgl. Benaguid/Schramm 2016, S. 33 f.).

Menschen vergessen während solcher Alltagstrancezustände ihre Umgebung und verlieren sämtliches Zeitgefühl. Die fokussierte Aufmerksamkeit ist all diesen unterschiedlichen Trancezuständen gemeinsam, die jedoch wenig mit Entspannung zu tun haben (vgl. Meiss 2015, S. 110 f.). Trancezustände können auch in emotional bedeutsamen und bedrohlichen Situationen spontan und unwillkürlich auftreten, z. B. während einer traumatischen Erfahrung oder wenn ein Patient von seinem Arzt eine lebensentscheidende Diagnose erhält. Des Weiteren ist es möglich, Trancezustände gezielt herbeizuführen, z. B. im Rahmen von Entspannungsverfahren, durch Trancerituale mit körperlicher Aktivität und in der klinischen Hypnose. In der klinischen Hypnose wird durch die Induktion einer Trance beim Patienten ein veränderter Bewusstseinszustand erreicht, in dem dieser Zugang zu seinem Unbewussten und damit zu Bildern, Gefühlen und zu aktuell (bewusst) nicht zugänglichen Verhaltensweisen. Dadurch kann es beim Patienten zu einer Änderung affektiver Muster und problematischer Kognitionen kommen (vgl. Benaguid/Schramm 2016, S. 32 ff.).

Der Patient kann sich im Trancezustand Zugang zu grundlegenden Beziehungserfahrungen verschaffen und umstrukturierende systemische Veränderungen erfahren (vgl. Gilligan 2008, S. 38). Darüber hinaus ist es dem Patienten in der hypnotischen Trance möglich, emotional belastende Empfindungen und Ereignisse zu restrukturieren und biologische Veränderungen für Heilungsprozesse zu fördern (vgl. Benaguid/Schramm 2016, S. 33 f.). Mit hypnotischen Suggestionen entsteht beim Patienten ein Erleben unnormaler Kontrolle, das sich qualitativ und quantitativ von dem normalen bewussten Erleben unterscheidet (vgl. Haggard et al. 2004, S. 646 ff.).

4.3 Trancezustände

Trancezustände sind durch gemeinsame, spezifische Phänomene (vgl. Kapitel 4.5) gekennzeichnet, die sich von einem Normalzustand abgrenzen. Ein aktiver Wachzustand, der in Abhängigkeit von Situation und Person in der Ausprägung variiert, kann als Normal-zustand bezeichnet werden. Dieser ist gekennzeichnet durch eine gestreute Aufmerksamkeit, die häufig auf Außenreize bezogen ist. Eine Person, die sich im Normalzustand befindet, nimmt verschiedene Reize zeitgleich wahr, ist jedoch auf keinen davon speziell fokussiert.

Ein lineares Denken, das sich in dichotomen Kategorien äußert, z. B. klein oder groß, leicht oder schwer, warm oder kalt usw., herrscht in diesem Zustand. Das Denken und Handeln findet zudem „ich-gesteuert" und vorwiegend im Bereich des Willkürlichen bzw. Bewussten statt. Die Person erlebt sich als aktiv und bewusst steuernd. Hingegen herrscht das Prinzip des Unbewussten bzw. des Unwillkürlichen im Trancezustand. Im Gegensatz zur Ich-Steuerung im Normalzustand, hat der Patient im Trancezustand den Eindruck, sich innerlich zurückzulehnen, während sein Erleben unwillkürlich entsteht. Es wird nicht aktiv von ihm gesteuert. Gedanken, Bilder, Assoziationen und Körperempfindungen entstehen in diesem Zustand wie von selbst (vgl. Benaguid/Schramm 2016, S. 35 f.).

> „Jeder Wechsel von einem bewussten zu einem unbewussten Funktionieren, ist ein Übergang von einem Nicht-Trance zu einem Trance-Zustand." (Erickson et al. 2016, S. 14)

Es werden unterschiedlich tiefe Trancezustände unterschieden in Abhängigkeit davon, wie gut es dem Patienten gelingt, seine Aufmerksamkeit zu fokussieren und wie assoziiert bzw. dissoziiert sich der Patient erlebt. Zur Messung der Trancetiefe liegen zwar Skalen vor, sie werden aber selten angewendet. Daher beruht die gängige Unterteilung in leichte, mittlere und tiefe Trancezustände hauptsächlich auf der direkten Befragung der Patienten während und nach der Trance (vgl. Benaguid/Schramm 2016, S. 37 f.). Vor diesen drei Trancezuständen gibt es ein oberflächliches Trancestadium, das als hypnoidales Stadium bezeichnet wird. Es gleicht dem Zustand unmittelbar vor dem Einschlafen (vgl. Gößling 2013, S. 26).

In der Psychotherapie ist für eine gute Mitarbeit während der Hypnose eine leichte Trance ausreichend (vgl. Kaiser Rekkas 2015, S. 29), da zwischen der Trancetiefe und dem Erfolg der Hypnosetherapie kein zwingender Zusammenhang besteht (vgl. Zeig 2015, S. 159). In einem tiefen Trancezustand kann die Gefahr liegen, dass der Patient entgleitet, was weiterhin dazu führen kann, dass sich der Patient der therapeutischen Arbeit entwindet (vgl. Kaiser Rekkas 2013b, S. 31). Die meisten Probleme von Patienten lassen sich mit einer leichten Trance lösen, die den Patienten dabei hilft, ihre Ressourcen zu erschließen (vgl. Zeig 2015, S. 159). In der Regel befindet sich der Patient während der Hypnose in einer sitzenden Position. Die Hypnose vertieft sich im Laufe der Kommunikation auf unbewusster Ebene von allein, wenn der Therapeut mit ideomotorischen Signalen arbeitet. Aus diesem Grund reicht auch in diesem Fall eine minimale Induktion aus. Die Position des Patienten bei dieser Arbeit ist im Sitzen oder im Liegen, je nach Intervention (vgl. Kaiser Rekkas 2015, S. 29).

Die vier verschiedenen Trancezustände werden im Folgenden beschrieben:

„1. Hypnoider Zustand:
Die Augenlider flattern, der Körper entspannt sich, die Augen werden geschlossen und Empfindungen muskulärer Schlaffheit (Lethargie) breiten sich aus.

2. Leichte Trance:
Augenkatalepsie tritt auf, das heißt, der Hypnotisierte ist unfähig die Augen zu öffnen, die Atmung ist langsam und regelmäßig und die Katalepsie vertieft sich.

3. Mittlere Trance:
Häufig wird Empfindungslosigkeit der Hand erlebt, Halluzinationen treten auf, partielle Amnesie wird beobachtet.

4. Tiefe Trance – Somnambulismus:
Der Proband ist in der Lage, die Augen zu öffnen ohne die Trance zu unterbrechen. Die Amnesie erstreckt sich auf den gesamten Bereich der Trance-Erfahrung. Die Anästhesie dehnt sich weiter aus, vertieft sich und erfasst unter Umständen den ganzen Körper. Operationen in Trance sind möglich." (Müller/Strickel 2010, S. 30)

Dem Patienten in Trance kann es in der Therapie gelingen, sich von rigiden Haltungen zu lösen, wodurch eine Neustrukturierung und Reorganisation seines Selbst-Systems ermöglicht wird. Es wird ein Bezugsrahmen hergestellt, der die Aufmerksamkeit des Patienten auf die zum Bezugsrahmen passenden Stimuli einengt oder konzentriert. Der Patient kann durch bewusstes, zielorientiertes Handeln eine bestimmte Haltung einnehmen, so die Annahme (vgl. Gilligan 2008, S. 36).

4.4 Fokussierung der Aufmerksamkeit

Im Trancezustand ist der Fokus der Aufmerksamkeit eingeschränkt. Der Grad der Konzentration auf einen Punkt ist jedoch viel höher als im Wachzustand. Suggestionen können im Zustand dieser konzentrierten Wachheit daher unmittelbar an das Unbewusste gerichtet werden (vgl. Alman/Lambrou 2015, S. 28). Der frei fließende Prozess der Aufmerksamkeit erfordert weniger Willensanstrengung als der Prozess der Konzentration und unterscheidet sich insofern von Letzterem. Ein Therapeut arbeitet an der Beeinflussung der Aufmerksamkeit, um die Zugänglichkeit des Patienten für hypnotische Phänomene zu verbessern. Dadurch kann die Reaktionsbereitschaft des Patienten maximiert werden.

Die Aufmerksamkeit wird in der Regel auf folgende drei Arten beeinflusst: von außen nach innen, in Form einer intensiven Fokussierung auf etwas oder in Richtung eines verstärkten Erlebens des gegenwärtigen Augenblicks. Es ist eine gängige hypnotherapeutische Praxis, die Aufmerksamkeit vom Erleben äußerer Vorgänge auf das innere Erleben umzuorientieren. Dazu ist es nicht notwendig, ausschließlich von außen nach innen zu arbeiten. Um eine nützliche Anspannung beim Patienten zu erzeugen, kann der Therapeut auch für einen unerwarteten Wechsel der Aufmerksamkeit zwischen Außenfokussierung und Innenfokussieren sorgen. Von einem allmählichen Lenken der Aufmerksamkeit von inneren sensorischen Erlebnissen auf äußere können Patienten profitieren, deren Aufmerksamkeit überwiegend nach innen gerichtet ist.

Durch diesen Ansatz entsteht eine Differenz, die den Patienten zu neuen hypnotischen Erlebnissen geleitet. Der Therapeut fördert die Wahrnehmung von Aspekten des unmittelbaren Erlebens, indem er das Gewahrsein des Patienten auf ein intensiveres Erleben des Hier und Jetzt lenkt. Da Menschen sich selten intensiv auf den gegenwärtigen Augenblick konzentrieren, erzeugt diese Vorgehensweise das Gefühl beim Patienten, dass „etwas anders ist". Wenn dem Patienten das Wahrgenommene als neuartig, merkwürdig oder verzerrt erscheint, erhöht sich die Wahrscheinlichkeit, dass er über das Erleben einer Trance berichtet (vgl. Zeig 2015, S. 122 f.).

Patienten in Trance können für längere Zeit in einen einzigen Erlebenskontext vertieft sein, wenn sie ein hohes Ausmaß an konzentrierter Aufmerksamkeit entwickeln. Aufmerksamkeitsprozesse im Wachzustand bleiben hingegen durch die ständige Neuorientierung hin zu wechselnden externen Reizen zerstreut und unfokussiert und stehen im Kontrast zum Trancezustand. Irrelevante Reize wie Geräusche oder andere Stimmen werden von Patienten in Trance oft nicht wahrgenommen – und wenn sie doch wahrgenommen werden, so fühlen sich die Patienten durch sie nicht abgelenkt, belästigt oder gedrängt, sie weiter zu beachten. Das trifft vor allem auf eine tiefe Trance zu (vgl. Gilligan 2008, S. 67 f.).

4.5 Die klassischen Hypnosephänomene

Typische Veränderungen in normalen Alltagserfahrungen, im Alltagsverhalten und in der Wirklichkeitswahrnehmung sind kennzeichnend für die Hypnose. Diese Veränderungen werden hypnotische Phänomene genannt (vgl. Peter 2015a, S. 23 f.). Hypnotische Trancephänomene entstehen in emotional bedeutsamen Situationen unwillkürlich und ohne spezielle Induktionen. Für bedeutende Veränderungen und die Entwicklung des Ungewöhnlichen ist Trance oft die Voraussetzung (vgl. Meiss 2015, S. 111). In der Phänomenologie können hypnotische Phänomene in drei Klassen einteilt werden:

1. Die *motorischen Phänomene* beinhalten z. B. Katalepsien (Muskelsteifheit von Teilen oder des ganzen Körpers) und beziehen sich auf Veränderungen der Willkürmotorik. Bei etwa 60 bis 90 Prozent einer normalen Population können die motorischen Phänomene festgestellt werden.

2. Veränderungen der Wahrnehmung und Emotion gehören zu den *sensorischen und affektiven Phänomenen*. Bei diesen handelt es sich um positive und negative Halluzinationen oder Illusionen, die auf alle Sinnesorgane bezogen sind. Eine negative kinästhetische Halluzination ist z. B. eine hypnotisch erzeugte Schmerzunempfindlichkeit. Etwa 30 bis 60 Prozent der Menschen können sensorische Phänomene realisieren.

3. Zu den *kognitiven Phänomenen* zählen die Amnesie (Vergessen bzw. Hemmung der Erinnerung) und die posthypnotischen Suggestionen mit Quellamnesie (jemand erfüllt zwanghaft einen Auftrag, der ihm während der Hypnose gegeben wurde, ohne sich an die Auftragserteilung zu erinnern). Bei weniger als 30 Prozent einer normalen Population können diese kognitiven Phänomene festgestellt werden (vgl. Peter 2015a, S. 23 f.).

Zusammenfassung der klassischen Hypnosephänomene:

„1. Altersregression
- Gefühl, jünger bzw. kleiner zu sein
- innere Präsenz von ängstigenden Erfahrungen aus der Vergangenheit
- Eindruck, in diesen Situationen von früher verfangen zu sein
- Gefühl, wie ein kleines Kind der Lage ohnmächtig ausgeliefert zu sein
- Wiedererleben alter Traumata in Flashbacks.

2. Altersprogression
- gedankliches Vermischen alter Trauma mit zukünftigen Situationen
- negativ gepolte Erwartungshaltung (sich selbst erfüllende Prophezeiungen)
- Projektion vergangener angsterfüllter Erlebnisse auf zukünftige Situationen.

3. Amnesie
- beeinträchtigtes (bewusstes) Erinnerungsvermögen bezüglich positiver Erlebnisse, bewältigter Konflikte, sinnvoller Entscheidungen, Erfolgen und Anerkennung
- Verlust des Kontakts zu kompetenten Persönlichkeitsbereichen
- Gefühl, wie ferngesteuert zu handeln.

4. Hypermnesie
- häufiges Erinnern und innerliches Repetieren bzw. Wiedererleben von vergangenen Angsterlebnissen, Panikattacken.

5. Analgesie
- Schmerzunempfindlichkeit durch Vorherrschen des Angstgefühls.

6. Anästhesie
- fehlende Schmerzreaktion oder Taubheit z. B. bei Flashbacks, Out-of-Body-Situation.

7. Hyperästhesie
- Überempfindlichkeit gegenüber normalerweise nicht schmerzhaften Reizen, Parästhesien
- allgemeine Verstärkung von Schmerz durch ängstliche Schmerzerwartung.

8. Katalepsie
- psychische sowie mentale kataleptische Zustände, Antriebsschwäche, unflexible Erlebnisverarbeitung, eingefahrene Reaktionsmuster
- allgemeine Retardierung und somit Hemmung spontaner, neuer Reaktionen; Unfähigkeit der Reaktion (Totstellreflex)
- Redundanz, d. h. sich wiederholende Verhaltensschleifen.

9. Dissoziation
- selektive Wahrnehmung von ängstigenden Inhalten, während beruhigende ausgegrenzt werden
- kontextunabhängige, logisch nicht nachvollziehbare Triggersituationen
- Out-of-Body-Phänomene.

10. Halluzination
- Wahrnehmung (auf einem Sinneskanal oder auch auf mehreren) real nicht vorhandener negativer Auslöser (triggers)
- dagegen kein Wahrnehmen von positiven Auslösern und guten Umständen.

11. Ideodynamische Reaktion
- sich automatisch einstellende angstauslösende Gedanken, Gefühle, Bilder, Empfindungen und Verhaltensweisen.

12. Sensorische Veränderungen
- Beeinflussung aller fünf Sinne in unterschiedlichem Maße und unterschiedlicher Auswirkung
- veränderte Körperwahrnehmung bis hin zu ihrem Verlust
- Ausgrenzung von Körperbereichen
- starke physiologische Reaktionen (Herzklopfen, Zittern, Schweißausbrüche, Hyperventilieren), die besonders wahrgenommen werden und das Angstniveau nochmals erhöhen.

13. Veränderte Zeitwahrnehmung
- Verlust des objektiven Zeitmaßes
- Erleben von Zeitverlust bzw. Rasen der Zeit
- Erleben von quälendem Stillstand der Zeit, vor allem in Krisen und Panikattacken.

14. Mentale Fokussierung
- negative Interpretation von Erlebnissen in Bezug auf Angsterregung
- negative Selbstbewertung in Bezug auf Angstbewältigung
- negative Erwartungshaltung
- negative einseitige Selbstsuggestion, die das Angsterleben verstärkt." (Kaiser Rekkas 2016a, S. 288 ff.)

4.6 Vertiefungsmethoden

4.6.1 Die Atmungs- und Zähltechnik

Zu den bekanntesten Vertiefungstechniken hypnotischer Zustände zählt die Zählmethode. Der Therapeut leitet den sich in Trance befindlichen Patienten dazu an, sich immer tiefer und tiefer in Trance fallen zu lassen, je tiefer er (der Therapeut) zählt. Dazu kündigt der Therapeut an z. B. von zehn bis null herunterzuzählen, und gibt dem Patienten zu verstehen, dass sich mit jeder Zahl die Trance weiter ausbreitet und tiefer wird. Der Therapeut zählt von oben nach unten und nicht umgekehrt, da der Patient ein umgekehrtes Zählen nach oben mit Wachwerden assoziieren könnte. Während des Zählens ist der Therapeut bemüht, in das Atemmuster des Patienten einzusteigen und mit ihm synchron zu atmen. Das Atemmuster des Patienten lässt sich mitunter an seinem Brustkorb erkennen.

Der Therapeut spricht die Zahlen mit sanfter und tiefer Stimme im Atemrhythmus des Patienten und lässt sich dabei ausreichend Zeit, um den Patienten nicht zu drängen. So kann er bei jedem zweiten oder dritten Ausatmen eine Zahl nennen, und zwischen den Zahlen von Vertiefung, Versenkung und Entrückung usw. sprechen. Nur dann, wenn der Patient ausatmet, spricht der Therapeut, weil dies die tiefste unterschwellige Wirkung beim Patienten entfaltet (vgl. Schütz 1997, S. 119). Entspannungsmethoden werden häufig mit der Atmung gekoppelt:

Mit jedem Atemzug und mit jedem Wort, das ich sage, sinkst Du tiefer und tiefer in einen angenehmen Zustand der Ruhe und Entspannung. (Angela Klein)

4.6.2 Die Treppenmetapher

Viele Sinne und somit Vorstellungsebenen werden mit der Methode der „Rolltreppe" angesprochen. Besonders geeignet ist diese Methode aufgrund ihres großen Angebots für Gruppeninduktionen, aber auch als Grobraster zur Abklärung der Kooperations- und Imaginationsfähigkeit, da sie unterschiedliche Personen motiviert. Als eigentliche Vertiefung gilt die Fahrt auf einer Rolltreppe, die als Kernbestandteil zu betrachten ist. In einer Gruppe lassen die darauf folgenden Bilder im „Projektorraum", die als Projektionsmöglichkeit für freie Assoziationen anzusehen sind, viele Freiheiten. Der Patient kann sich auch eine normale Treppe vorstellen, die er Stufe für Stufe hinuntergeht (vgl. Kossak 2013, S. 121). Ein Beispiel für eine Trancevertiefung durch eine Treppenmetapher wird im Folgenden genannt:

Während Du jetzt immer tiefer in die Entspannung sinkst, darfst Du deine inneren Augen öffnen und siehst eine Treppe. Es ist eine Treppe, die zu deinem inneren Ort der Ruhe und der Entspannung führt. Und Du gehst Stufe für Stufe immer weiter und weiter, gleitest immer tiefer und tiefer in eine wohlige Entspannung. Mit jedem Atemzug und mit jedem Wort meiner Stimme gelingt es dir mehr und mehr äußere Kontrolle loszulassen. Gehe einfach weiter und immer weiter auf deiner Treppe, Stufe für Stufe, bis Du merkst, dass sich ein wunderbares Gefühl der Leichtigkeit in dir ausbreitet. Leichter und leichter wird jeder deiner Schritte, es geschieht ganz von allein, ohne dein Zutun. Und je weiter Du die Treppe entlang schreitest, umso mehr kann deine innere Kontrolle wachsen. Die Treppe hat acht Stufen und ich werde jetzt gleich von acht herunter bis eins zählen. Und während ich zähle, kannst Du einfach Stufe für Stufe weitergehen ... (Angela Klein)

4.6.3 Die Fraktionierung

Eine weitere Technik zur Vertiefung der Hypnose ist die Fraktionierung. Der Begriff Fraktionierung steht für eine oder mehrere Unterbrechungen, die während einer Tranceinduktion und während der Arbeit in Trance vom Therapeuten vorgenommen werden. Bei einer Fraktionierung holt der Therapeut den Patienten weitgehend aus dem Trancezustand heraus, sodass dieser sich in einem fast wachen Zustand befindet. In diesem Zustand ist es dem Patienten z. B. möglich, mit dem Therapeuten zu sprechen und sich frei zu bewegen. Kurz darauf wird der Patient wieder in die Hypnose geleitet.

Dieser Vorgang kann vom Therapeuten mehrmals wiederholt werden. Die Wiedereinleitung in die Hypnose ist nach einer Fraktionierung vereinfacht. Ein solches Vorgehen fördert die Trancevertiefung, und der Trancezustand ist nach der Fraktionierung tiefer als davor. Befragt der Therapeut den Patienten während der Trance nach seinem inneren Erleben, so stärkt dies den Rapport [15] (vgl. Benaguid/Schramm 2016, S. 42). Hier ein Beispiel für eine Fraktionierung:

Ich werde nun bis drei zählen und bei drei angekommen, öffnest Du deine Augen. Wenn ich anschließend mit meinen Fingern deine Stirn berühre, dann schließt Du deine Augen wieder und sinkst noch tiefer in diesen angenehmen Zustand der Ruhe und Entspannung. (Angela Klein)

Damit der Leser eine Vorstellung vom Aufbau und Ablauf einer Hypnosesitzung sowie insgesamt von einer Therapie mit Hypnose in der Praxis gewinnt, wird dies im kommenden Kapitel beschrieben.

---

15 Mit dem Begriff „Rapport" ist eine vertrauensvolle und von empathischer Aufmerksamkeit getragene (Arbeits-)Beziehung (vgl. Drever/Fröhlich 2011, S. 399) sowie ein positives Gefühl des Einverständnisses und der gegenseitigen Achtung zwischen Therapeut und Patient gemeint (vgl. Erickson/Rossi 2013, S. 14).

5. Ablauf einer Therapie mit Hypnose

5.1 Das Erstgespräch und der Therapiebeginn

In aller Regel geht einem persönlichen Treffen in der ambulanten Praxis ein Erstkontakt am Telefon oder per E-Mail voraus. Bei der Frage, ob eine Psychotherapie überhaupt beginnen kann, dient dieser als bedeutende Weichenstellung. Beim Erstkontakt klärt der Therapeut das Anliegen der anfragenden Person. An welchen Problemen leidet die Person? Wie akut ist ihr Leidenszustand? Auch fragt der Therapeut nach Therapievorerfahrungen. Ist es der erste Versuch der Person, eine Psychotherapie in Anspruch zu nehmen, oder gab es zuvor bereits eine oder mehrere psychotherapeutische Behandlungen?

Von Bedeutung für den Therapeuten ist es außerdem herauszufinden, durch welche Informationsquelle die Person von ihm erfahren hat. Meldet sie sich aufgrund einer Empfehlung (z. B. eines früheren Patienten) bzw. einer Überweisung (z. B. eines Facharztes für Psychiatrie und Psychotherapie) oder einer anderen Quelle (Internet, Homepage, Telefon etc.)? Durch solche Fragen kann der Therapeut herausfinden, ob die Person ausreichend Eigeninitiative für eine Therapie mitbringt (vgl. Nemeskeri/Stumm 2014, S. 314) und eine Veränderung wünscht oder lediglich als „Besucher" zum Therapeuten kommen wird (vgl. Kaiser Rekkas 2013b, S. 54 ff.). Auch für eine etwaige Kooperation des Therapeuten mit beteiligten Personen oder Institutionen ist diese Frage relevant. Können diese Fragen beim Erstkontakt nicht geklärt werden, muss dies spätestens im Erstgespräch geschehen.

Beim Erstgespräch in der ambulanten Praxis befragt der Therapeut den Patienten zu den Gründen, weshalb er eine Psychotherapie in Angriff nehmen möchte. Dazu gehören akute oder chronische Symptome und Schwierigkeiten, unter denen der Patient aktuell leidet und auch solche, unter denen der Patient in seinem bisherigen Leben gelitten hat. In diesem Zusammenhang ist das Ausloten des aktuellen (ggf. stets wiederkehrenden) Leidensdrucks notwendig, da der Leidensdruck des Patienten ein bedeutender Faktor für seine Therapiemotivation darstellt.

Der Therapeut fragt den Patienten auch danach, was aus seiner Sicht das Problem ist (bei mehreren Problemen fragt er nach dem schwerwiegendsten) (vgl. Nemeskeri/Stumm 2014, S. 314). Ferner klärt er die Erwartungshaltung des Patienten an die Therapie, befragt ihn nach Ausnahmen von seinen Beschwerden (vgl. Kaiser Rekkas 2013b, S. 54 ff.) und danach, welches Ziel er mit der Therapie verfolgt. Der Therapeut erläutert dem Patienten das jeweilige Therapieverfahren, falls der Patient darüber nicht bereits aufgrund von Vorerfahrungen informiert ist (vgl. Nemeskeri/Stumm 2014, S. 314). Im Erstgespräch werden überdies

Absprachen über gegenseitige Verpflichtungen sowie Regelungen für abgesagte oder nicht wahrgenommene Termine und das Verhalten des Patienten in Notfällen getroffen. Zu diesen Absprachen und Regelungen zählen auch die Häufigkeit und Dauer der Therapiesitzungen. Der Patient wird vom Therapeuten über den Ablauf der Antragsstellung bei der Krankenkasse informiert, oder die Höhe des Honorars wird geklärt, wenn der Patient Selbstzahler ist (vgl. Philips/Claire 2015, S. 46). Die Hypnotherapie als alleiniges Therapieverfahren ist keine gesetzliche Kassenleistung und findet daher im Leistungskatalog [16] der gesetzlichen Krankenversicherung keine Berücksichtigung. Somit werden die Kosten für eine Hypnotherapie von der gesetzlichen Krankenkasse nicht übernommen. Die Kosten für eine Hypnose sind lediglich dann von der Krankenkasse abgedeckt, wenn die Hypnose eine Zusatzmethode im Rahmen einer Psychotherapie darstellt (vgl. Preusker 2011, S. 51).

Vor Aufnahme einer Psychotherapie gibt der Therapeut dem Patienten Auskunft und Informationen über seine Diagnose (vgl. Schleu 2014, S. 54 ff.), die er im Erstgespräch stellt, und über die Indikation, wenn geklärt wurde, ob eine psychologische Intervention das Mittel der Wahl für den Patienten darstellt (vgl. Ecker 2010, S. 17). Einen Indikationsvorschlag stimmt der Therapeut gemeinsam mit dem Patienten ab. Darüber hinaus erklärt er dem Patienten verschiedene Therapiemethoden, die für ihn (den Patienten) infrage kommen, und zeigt ihm Alternativen auf. Auch die Aufklärung über Ethikleitlinien und Nebenwirkungen ist bedeutsam (vgl. Schleu 2014, S. 54 ff.).

Der Therapeut verschafft sich einen Überblick über die augenblickliche berufliche, private und familiäre Situation des Patienten (vgl. Mayer 1980, S. 5) und sammelt wesentliche Fakten bezüglich der Kenntnisse und Lebenserfahrungen des Patienten, die für therapeutische Zwecke genutzt werden können (vgl. Erickson/Rossi 2013, S. 14).

Das Erstgespräch dient jedoch primär dazu, dem Patienten Raum für seine Fragen und Anliegen zur Verfügung zu stellen. Am Ende des Erstgesprächs geht es um die Klärung der Frage, ob eine Zusammenarbeit für beide Seiten vorstellbar ist. Dafür kann der Therapeut dem Patienten ggf. eine zeitliche Frist als Bedenkzeit einräumen (vgl. Nemeskeri/Stumm 2014, S. 314 ff.). Haben sich Therapeut und Patient für eine gemeinsame Zusammenarbeit entschieden, formuliert der Therapeut zu Beginn der Therapie (oder ggf. zuvor im Erst-gespräch) gemeinsam mit dem Patienten das (vielleicht zunächst vorläufige) Therapieziel. Das kann vorerst ein Teilziel (oder mehrere Teilziele) sein (vgl. Kaiser Rekkas 2013b, S. 54 ff.).

---

[16] Bestandteil des Leistungskatalogs sind alle rechtlich festgelegten Leistungen, auf die Versicherte der gesetzlichen Krankenversicherung Anspruch haben. Der Leistungskatalog ist im SGB V als Rahmenrecht, jedoch nicht in Form einer Liste zu finden (vgl. Preusker 2011, S. 51).

Für weitere therapeutische Schritte bildet eine sorgfältige und explizite Formulierung des Therapiezieles die Basis. Sie dient dem Patienten wie auch dem Therapeuten zur fortwährenden Orientierung und zur Überprüfung im Prozess, ob die gemeinsame Arbeit in die richtige Richtung zielt oder ob eine Modifizierung des Vorgehens oder des Therapiezieles notwendig ist (vgl. Benaguid/Schramm 2016, S. 123). Der Therapeut registriert dadurch die Fortschritte des Patienten und erkennt, ob sich ggf. ein weiteres Thema eröffnet (vgl. Kaiser Rekkas 2016a, S. 11).

Das Therapieziel wird spezifisch, konkret, gegenwärtig und in Prozesswörtern beschrieben sowie positiv formuliert. Es sollte für den Patienten attraktiv, realistisch und selbst erreichbar sein (vgl. Benaguid/Schramm 2016, S. 123). Steht ein Einsatz der klinischen Hypnose aus Sicht des Therapeuten (oder des Patienten) im Raum, gilt es zunächst herauszufinden, ob sich die Hypnose als Behandlungsmethode für den Patienten eignet. Liegen bestimmte Kontraindikationen vor (vgl. Kapitel 7.3.1), ist Vorsicht geboten (vgl. Zaudig et al. 2007, S. 792).

Als nächsten Schritt befragt der Therapeut den Patienten nach bisherigen Hypnoseerfahrungen und nach seinen Vorstellungen über Hypnose. Der Therapeut geht grundsätzlich davon aus, dass der Patient irrige Vorstellungen über Hypnose hat (vgl. Yapko 2015, S. 22). Berichtet der Patient von Mythen und Vorurteilen, stellt der Therapeut sachlich die Falschheit dieser Ansichten fest und bietet dem Patienten fachlich kompetente Informationen an (vgl. Kaiser Rekkas 2013b, S. 50 f.). Dies ist von Bedeutung, damit der Patient für sich entscheiden kann, ob eine Behandlung mit Hypnose für ihn infrage kommt (vgl. Yapko 2015, S. 22 f.).

Patienten ohne vorherige Hypnoseerfahrung haben nach McConkey häufig Angst davor, in „Trance" zu fallen, da ihnen dieser Gedanke unbehaglich ist, oder sie fürchten, einen Kontrollverlust zu erleben. Klärt der Therapeut den Patienten darüber auf, dass Hypnose kein vollkommen anderer Bewusstseinszustand ist, sondern ein natürlicher Zustand, der auch spontan im Alltag auftritt, und dass sich der Patient nach der Hypnose an alles erinnern kann, trägt dies zu einer verbesserten Kommunikation mit dem Patienten bei (vgl. McConkey 1986, S. 311 ff.). Dies ist auch dann der Fall, wenn der Therapeut dem Patienten die Hypnose als wertvolles Werkzeug zur Verstärkung und Vertiefung der psychotherapeutischen Arbeit vorstellt (vgl. Philips/Claire 2015, S. 46).

Nachdem der Therapeut die falschen Vorstellungen des Patienten über Hypnose ausgeräumt hat, macht er sich ein Bild von dessen Hypnotisierbarkeit. Im Rahmen des traditionellen Hypnosemodells basiert die Diagnose auf zwei Arten von Suggestibilitätstests: den standardisierten und den informellen Tests. Diese Methoden werden nicht von allen Vertretern der traditionellen Hypnoseansätze genutzt. Standardisierte Verfahren und informelle Suggestibilitätstests haben unterschiedliche Zielsetzungen. Informelle Suggestibilitätstests sind Werkzeuge der Suggestion. Standardisierte Verfahren hingegen dienen der Gewinnung zuverlässiger und valider empirischer Daten. Eine Beurteilung der Hypnotisierbarkeit lässt sich aus den Reaktionen auf informelle Suggestibilitätstests nicht ableiten (vgl. Zeig 2015, S. 68 f.).

Vielmehr führen sie dem Patienten vor Augen, dass er für Suggestionen offen ist (vgl. James et al. 2017, S. 49) und somit gute Voraussetzungen für die beabsichtige hypnotische Arbeit mitbringt (vgl. Zeig 2015, S. 68 f.). Anschließend untersucht der Therapeut, welche hypnotischen Techniken beim Patienten am sinnvollsten und effektivsten sein werden (vgl. Philips/Claire 2015, S. 46). Insgesamt ist zu Therapiebeginn und am Anfang jedes therapeutischen Gesprächs die Herstellung von Rapport der wesentlichste Faktor (vgl. Erickson/Rossi 2013, S. 14). Therapeut und Patient schaffen mithilfe des Rapports einen neuen therapeutischen Bezugsrahmen, in dem die therapeutischen Reaktionen des Patienten entstehen werden.

Durch den Rapport können Therapeut und Patient eine „Ja-Haltung" (vgl. Kapitel 6.1) bzw. ein gegenseitiges Annehmen entwickeln (vgl. Erickson/Rossi 2013, S. 14). Der Therapeut drückt dem Patienten gegenüber Empathie aus, lässt ihm positive Zuwendung zukommen (vgl. Wehrli 2014, S. 833 ff.) und überzeugt den Patienten davon, dass er sich für seine Gefühle, Gedanken, Handlungen und Beziehungen interessiert (vgl. Zeig 2015, S. 57). Da Hypnose eine kooperative Erfahrung ist (vgl. Hammond 1990, S. 11 ff.), bemüht sich der Therapeut um die Herstellung von Rapport und investiert Zeit und verwendet Mühe auf die Pflege der Fähigkeit zur Entwicklung einer positiven Beziehung, statt ausschließlich an der technischen Perfektionierung seiner Hypnosefähigkeiten zu arbeiten.

Kommt die Hypnose in einer Psychotherapie zur Anwendung, sind im Vergleich zu einer Therapie, die ohne Hypnose arbeitet, einige zusätzliche Aspekte zu berücksichtigen. Dazu zählen die Erzeugung einer positiven Erwartungshaltung beim Patienten dem hypnotischen Prozess gegenüber, die Einbeziehung bestimmter Probleme der Abgrenzung zwischen Therapeut und Patient sowie die Auseinandersetzung mit Übertragungs- und Gegenübertragungsphänomenen (vgl. Kapitel 6.4), die durch die Anwendung von Hypnose intensiviert und verkompliziert werden können (vgl. Philips/Claire 2015, S. 55).

5.2 Die Induktion und die verschiedenen Methoden der Induktion

Das, was allgemein als „Hypnotisieren" bezeichnet wird, sind jene Methoden und Suggestionen, die eine Hypnose einleiten. Dieser Einleitungsvorgang wird Hypnoseinduktion oder Tranceinduktion genannt. Der Therapeut schafft hierfür eine Grundsituation, in der der Patient bereit ist, sich auf seine Instruktionen (Handlungsanweisungen) einzulassen. Hierzu ist der Therapeut bemüht, Störvariablen wie unbequeme Sitzgelegenheiten, Raumbeeinträchtigungen oder Geräusche auszuschalten. Eine zumindest indirekte Bekundung des Patienten, die seine Bereitschaft zur Mitarbeit erkennen lässt, ist eine Voraussetzung für die Arbeit mit Hypnose. Die Vorgeschichte des Patienten und seine subjektive Befindlichkeit bestimmen die Vorgehensweise des Therapeuten und damit auch die Induktion (vgl. Kossak 2013, S. 264).

Die Induktion erfolgt in einer für den Patienten bequemen Haltung im Sitzen oder im Liegen. Therapiegespräche erfolgen in der Regel in einer sitzenden Position. Für die Hypnose erfolgt dementsprechend kein Platzwechsel, der Anspannung oder negative Erwartungen beim Patienten begünstigen könnte. Um eine entspannte Haltung einzunehmen, lehnt sich der Patient in seinem Stuhl oder Sessel zurück, legt die Arme locker in den Schoß und stellt die Beine locker nebeneinander. Auch eine Position im Liegen ist denkbar, wenn sich ein Patient in einer Psychoanalyse befindet und bereits in der Grundtherapie eine liegende Position einnimmt. In der modernen Hypnose legt der Therapeut das Hauptaugenmerk auf die Grundvariablen und die beabsichtigte Verstärkung des gewünschten Verhaltens, die er flexibel den Reaktionen des Patienten anpasst (vgl. Kossak 2013, S. 271).

Peter vermutet, dass fast alle klassischen Induktionstechniken mit motorisch-kinästhetischen Phänomenen beginnen, weil ca. 90 Prozent aller Patienten solche Phänomene erleben können. Diese Phänomene tragen wegen ihrer unmittelbaren Evidenz zur Ratifikation der Trance bei, das heißt, der Patient ist von der Wirksamkeit rasch überzeugt. Mit diesen motorisch-kinästhetischen Techniken wird darüber hinaus ein Zustand des Organismus erreicht, der die Voraussetzung unter anderem für physiologisches und emotionales Lernen (z. B. klassisches Konditionieren) darstellt, und zwar einen Zustand von sensorischer Deprivation und motorischer Restriktion (vgl. Peter 2015a, S. 33).

Was die Länge der Induktion betrifft, so kann die Erickson'sche Induktion Stunden oder Minuten dauern, je nachdem, wie der Patient darauf anspricht. Eine Induktion bei der traditionellen hypnotischen Behandlung dauert zehn bis 20 Minuten. Dies ist davon abhängig, wie lange der Therapeut braucht um das Induktionsskript durchzuarbeiten. Hingegen hängt die Dauer der Induktion beim Erickson'schen Ansatz von der Reaktion des Patienten ab. Die

Induktion ist vorüber, sobald der Patient auf minimale Hinweisreize bestmöglich reagiert (vgl. Zeig 2015, S. 120 f.). Die Behandlung nach dem traditionellen Modell basiert auf positiven und negativen Suggestionen. Suggeriert der Therapeut einem Patienten mit einer Spinnenphobie: *Du wirst dich immer dann wohlfühlen, wenn Du eine Spinne siehst*, handelt es sich um eine positive Suggestion.

Von einer negativen Suggestion wird gesprochen, wenn der Therapeut z. B. bei einem adipösen Patienten folgende Suggestion verwendet: *Schokolade wird dir nicht schmecken*. (Angela Klein) Würde der Therapeut diese Suggestionen ohne Hypnose anbieten, könnten sie ihre Wirkung nicht entfalten. Führt der Therapeut hingegen mit dem Patienten zunächst eine Induktion durch, erlebt dieser anschließend hypnotische Phänomene. Zu diesen zählt beispielsweise die Handlevitation. Folgen auf die hypnotischen Phänomene therapeutische Suggestionen, kann der Patient das Suggerierte eher annehmen, da die gesamte Inszenierung des hypnotischen Erlebnisses seine Reaktion beeinflusst.

In der Vertiefungsphase verstärkt das Hervorrufen hypnotischer Phänomene als Test-suggestion die Reaktion auf die therapeutischen Suggestionen. Zudem wird die Bereitschaft zur Annahme direkter Suggestionen vergrößert, da der hypnotisierte Patient bereits die Erfahrung gemacht hat, dass sein Bewusstsein nicht die völlige Kontrolle über eine Situation hatte (vgl. Zeig 2015, S. 81 f.). Das ausdrückliche Definieren einer Situation als Hypnose verbessert die Reaktion des Patienten auf anschließende hypnotische Aufgaben, wie aus experimentellen Untersuchungen hervorgeht (vgl. Barber 1969, S. 282). Der Patient wird subtil zu einer veränderten Reaktionsweise angeregt, was impliziert, dass er auf Nuancen reagiert und willensunabhängige, dissoziative Phänomene erlebt (vgl. Zeig 2015, S. 131).

Der Patient kann automatischer und dissoziierter auf die Suggestionen des Therapeuten reagieren, da sich die Kontrolle nach der Induktion und Vertiefung verändert hat. Somit hängt die Veränderung nicht ausschließlich von bewusster (willensgesteuerter) Aktivität ab (vgl. Zeig 2015, S. 81 f.). Aus diesen Gründen ist es von Bedeutung, dass der Therapeut dafür sorgt, dass der Patient die Situation in der Therapie als Hypnose definiert, ganz gleich, ob dies offen oder verdeckt geschieht. Es ist bereits ausreichend, wenn der Patient die Situation vage als hypnotisch wahrnimmt (vgl. Zeig 2015, S. 131). Die Handlevitation ist eine Methode, um eine solche hypnotische Situation für den Patienten zu schaffen. In der Hypnose wird die Handlevitation als ein unwillkürliches Leichterwerden einer Hand mit typischen, ruckartigen Bewegungen (Zahnradphänomen) und dem Anheben sowie kataleptischen Stehenbleiben der Hand in der Luft charakterisiert. Die Handlevitation erfolgt entweder spontan nach Bahnung dieser Bewegung in einer vorherigen Hypnose oder auf Fremd- oder Eigensuggestion.

Eine Handlevitation kann umso direkter erfolgen, je plastischer sich der Patient das Anheben der Hand bildlich oder kinästhetisch vorstellen kann. Die Handlevitation ist hypnose-induzierend und wirkt hypnosevertiefend, da der Patient seine Hand dissoziiert wahrnimmt und damit eine Veränderung seines Körperschemas einhergeht. Ferner kann die Hand-levitation als ein Indiz für Hypnose beim Patienten angesehen werden und dient dem Therapeuten zur Sicherstellung, dass der Patient nicht schläft. Dem Therapeuten zeigt sich durch das autonome Anheben und das anschließende Senken der Hand eine Vertiefung bzw. ein Abflachen des Hypnosezustandes an. Im therapeutischen Prozess erweist sich die Handlevitation als nützliches Handwerkszeug.

Vom Patienten wird die Handlevitation nach der Erfahrung von Kaiser Rekkas als verblüffend und lehrreich erlebt, vor allem, wenn sie spontan auftritt. In der Therapie ist für den Patienten die Erfahrung, dass sich etwas von alleine, ohne sein willentliches Zutun und durch seine bloße Vorstellungskraft ereignet, von Bedeutung (vgl. Kaiser Rekkas 2013b, S. 98 ff.).

Ein Beispiel für eine Handlevitation könnte wie folgt lauten:

Du kannst nun deine Augen schließen. Konzentriere dich jetzt nur noch auf meine Stimme und lass' meine Worte in dein Inneres fließen. Erlaube meinen Worten, etwas in dir zu bewegen und lass' es gleich einfach geschehen. Du brauchst dabei nichts zu tun und kannst dich einfach entspannen.

Stelle dir jetzt einmal vor, wie ich mehrere mit Helium gefüllte Luftballons in unter-schiedlichen Farben und Größen an einem Bändchen befestigt in meiner Hand halte. Ich binde nun die Bändchen ganz zart um eines deiner Handgelenke. Vielleicht ist es das rechte oder das linke Handgelenk. Stelle dir einfach die Seite vor, die für dich am angenehmsten ist. Betrachte nun vor deinem inneren Auge die Luftballons. Vielleicht sind es zwei, drei oder auch mehr Luftballons, die nun an deinem Handgelenk befestigt sind. Schaue einmal, welche Farbe die Luftballons an deinem Handgelenk haben. Vielleicht sind es die gleichen Farben oder auch verschiedene. Betrachte auch die Größe der Ballons. Vielleicht sind sie gleich groß oder haben verschiedene Größen.

Stelle dir jetzt vor, wie die Ballons nach oben steigen und dadurch ganz sanft die Bändchen an deinem Handgelenk ziehen. Die Ballons steigen höher und höher. Sie ziehen zuerst ganz leicht und dann immer stärker an deinem Handgelenk. Und je höher die Ballons steigen, desto tiefer sinkst Du in eine angenehme Trance. Immer höher und höher steigen die Ballons und immer stärker ziehen sie an deinem Handgelenk. Vielleicht spürst Du schon ein Gefühl von Leichtigkeit in deinem Handgelenk. Höher und höher schweben die Ballons. Fühle, wie dein Handgelenk immer leichter und leichter wird und beginnt sich anzuheben. Leichter und leichter wird dein Handgelenk und auch deine Hand beginnt allmählich in die Höhe zu schweben. Spüre nun, wie eine Windböe die Ballons erfasst und wie sie deine Hand immer höher und höher ziehen. Immer stärker ziehen die Ballons an deinem Handgelenk.

Auch dein Unterarm wird angehoben und beginnt langsam zu schweben. Immer leichter wird jetzt dein Unterarm. Und auch deine Hand wird ganz leicht. Die Luftballons ziehen sie immer mehr nach oben. Immer leichter und leichter wird deine Hand. Und während deine Hand immer höher und höher steigt, sinkst Du tiefer und tiefer in eine angenehme Entspannung. Immer höher und höher steigen die Ballons und ziehen immer stärker und stärker an deinem Handgelenk. Deine Hand schwebt immer höher und höher, während die Ballons immer stärker und stärker dein Handgelenk nach oben ziehen. Immer leichter und leichter wird deine Hand und je leichter sie wird, desto höher schwebt sie.

Und Du wirst es nicht glauben, deine Hand bleibt jetzt genau da stehen, wo sie gerade ist. Sie bleibt ganz von alleine stehen. Es kostet dich keine Kraft. Deine Hand ist nun ganz fest. Ich werde sie gleich leicht mit meinen Fingerspitzen berühren und sobald ich sie berühre, wird sie nur noch fester.

Ich zähle nun bis drei und wenn ich bei drei angekommen bin, öffnest Du deine Augen. Deine Hand kannst Du dann einfach da lassen, wo sie gerade ist und sie betrachten.
Eins ... zwei ... drei ... Öffne deine Augen!
Schaue deine Hand jetzt einmal an.
Nun schließe deine Augen wieder und lass' meine Worte noch einmal ganz tief in dein Inneres fließen.

Stelle dir nun vor, wie ich die Ballons wieder von deinem Handgelenk löse. Dazu werde ich dein Handgelenk nun kurz berühren.
Spüre, wie die Schwerkraft nun in deine Hand und in deinen Unterarm zurückkehrt. Fühle, wie deine Hand dadurch wieder sinkt. Immer tiefer und tiefer sinkt nun deine Hand. Und je tiefer sie sinkt, desto mehr breitet sich ein wohliges Gefühl in dir aus. Tiefer und tiefer sinkt nun deine Hand, solange, bis sie völlig abgesunken ist.
Ich zähle nun gleich bis drei und wenn ich bei drei angekommen bin, öffnest Du deine Augen und bist wieder frisch und munter.
Eins – Du fühlst wie die Energie in deinen Körper zurückfließt.

Zwei – Spüre wie auch deine Gedanken schon fast wach sind.

Drei – Öffne deine Augen! Du bist nun vollkommen wach!

(Angela Klein)

5.2.1 Die Verbalinduktion

Die Mehrzahl der Induktionsmethoden bedient sich verbaler Suggestionen, die in der Regel mit optischen und zum Teil auch mit haptischen oder vestibulären Reizungen und Reizmonotonie verbunden sind, wodurch die Schnelligkeit und Sicherheit der Induktion erleichtert wird. Ericksons Induktionsformen bestehen überwiegend aus verbalen Einleitungen, die durch bestimmte Satz- und Sprachstrukturen gekennzeichnet sind. Bei der verbalen Induktion gibt der Therapeut die verbale Suggestion der Entspannung, auf die der Patient dann mit Entspannung reagiert. Die verbale Einleitungsform kann nach der Erfahrung von Kossak ohne Einschränkungen angewandt werden. Für Therapeuten mit wenig Erfahrung kann sie jedoch schwierig sein. Die alleinige Verbalinduktion kann problematisch sein, wenn die verbalen Anforderungen an den Patienten zu hoch sind.

Das kann z. B. bei Schwerhörigen, intellektuell Minderbegabten oder bei Patienten mit Migrationshintergrund der Fall sein (vgl. Kossak 2013, S. 272 f.). Um eine Verständlichkeit der Suggestionen beim Patienten zu gewährleisten, achtet der Therapeut auf den Wortschatz und die Idiome des Patienten, um seine Suggestionen entsprechend anzupassen (vgl. Kossak 2013, S. 267). Bei der Instruktion spricht der Therapeut ruhig und anschaulich. Er betont die Passagen der Entspannung mit seiner Stimmlage und achtet auf eine ruhige und monotone Sprechgeschwindigkeit, die nur kurze Pausen zulässt. Der Patient kann die Instruktionen dadurch als angenehm entspannenden Redefluss empfinden, bei dem er sich ausruhen kann und nicht als eilig oder drängend (vgl. Kossak 2013, S. 272 f.). Hier ein Beispiel:

Atme jetzt tief ein und aus. Und mit jedem Atemzug spürst Du, wie Du dich immer mehr entspannst. Alle Gedanken, die dir jetzt noch in den Sinn kommen, alle Geräusche die Du vielleicht hörst und alle Empfindungen deines Körpers die Du wahrnimmst, stören dich jetzt nicht mehr, sondern helfen dir, noch tiefer in die Entspannung zu kommen. Mit jedem Ausatmen fließt alles Belastende und Einengende von dir ab – zerrinnt wie Sand zwischen deinen Fingern. Und während Du immer tiefer in einen angenehmen Zustand der Entspannung sinkst, spürst Du, wie deine Augenlider immer schwerer und schwerer werden. Vielleicht kannst Du die Müdigkeit wahrnehmen, die mit der Schwere deiner Augenlider einhergeht. Und während ich zu dir spreche und Du meine Worte hörst, spürst Du, wie deine Augenlider noch schwerer werden – so schwer, dass Du sie nur mit Mühe offenhalten kannst.

Immer tiefer und tiefer sinkst Du mit jedem Atemzug in einen angenehmen Zustand der Entspannung. Du fühlst dich rundum wohl und entspannt. Deine Augenlider sind jetzt so schwer, dass Du sie einfach zufallen lassen kannst. Und Du genießt das wunderschöne Gefühl der Entspannung, das sich in dir ausbreitet, während Du immer tiefer und tiefer sinkst. Gib' dir jetzt selbst die Erlaubnis einmal völlig loszulassen und nur noch diesen Augenblick zu spüren. Du musst dich jetzt um nichts und niemanden mehr kümmern. Nichts kann dich mehr stören. Und während Du dich immer mehr entspannst, spürst Du, wie Du dich immer wohler und gelöster fühlst. Deine Atmung ist jetzt ganz leicht – so leicht wie eine Feder im Wind. Mit jedem Atemzug und mit jedem Wort meiner Stimme, fühlst Du dich wohler und freier, während Du immer tiefer und tiefer in die Ruhe und Entspannung sinkst. (Angela Klein)

5.2.2 Die Augenfixation

Ein klassisches Ritual stellt die Fixationstechnik dar, die Phänomene wie Lidschluss und Augenkatalepsie hervorruft. Der Therapeut könnte, um den visuellen Informationsfluss beim Patienten von außen zu stoppen und eine Wendung nach innen zu fördern, den Patienten auffordern, seine Augen zu schließen. Dies wäre jedoch kein hypnotisches Ritual, durch das der Patient angeleitet würde, vom willkürlichen in den unwillkürlichen Modus zu wechseln, sondern lediglich ein willkürlicher Akt. Nur durch die Lidschlussinduktion kann der Moduswechsel erreicht werden. Der Patient fixiert bei diesem Vorgehen auf die Instruktion des Therapeuten hin einen bestimmten Punkt so lange, bis physiologische Phänomene auftreten, die verbal durch den Therapeuten verstärkt werden.

Zu diesen Phänomenen zählt das allmähliche unscharfe Sehen und mitunter eine farbliche Aura um den Fixationsgegenstand herum, die der Patient wahrnehmen kann. Beides wird durch den nachschwingenden Scharfstellmechanismus der Augen verursacht. Ferner kommt es durch das Fixieren zu einem unwillkürlichen Unterdrücken des Lidschlagreflexes beim Patienten, was dazu führt, dass seine Lider schwer und seine Augen müde werden und sich in absehbarer Zeit unwillkürlich schließen. Die eintretenden Reaktionen werden im Sinne eines Biofeedbacks durch die Rückmeldungen des Therapeuten (z. B. „Deine Augenlider werden schwer, immer schwerer ... und die Augen werden müde, immer müder ...") verstärkt und wirken im weiteren Verlauf als Suggestionen, das heißt, sie verursachen dann die Reaktion.

Über kurz oder lang stellt sich beim Patienten eine ruhige, interessierte Aufmerksamkeit, ein ausgeglichener Muskeltonus, ein nach innen gerichteter Wahrnehmungsfokus und eine intensivierte Achtsamkeit gegenüber den Worten des Therapeuten ein. Jene Aspekte können als Zeichen einer leichten Trance angesehen werden. Damit die Augen des Patienten nach oben/innen konvergieren, hält der Therapeut dem Patienten klassischerweise einen neutralen

Fixationsgegenstand (z. B. einen Kugelschreiber) ca. 20 cm vor die Augen. Der Patient kann alternativ auch selbst einen Punkt ca. 2 m vor sich auf dem Boden fixieren. Es ist bei beiden Varianten bedeutsam, dass der Patient nicht unruhig den Blick im Wechsel von der einen zur anderen Seite richtet oder die Einwärtsbewegung seiner Augen (Konvergenz) auflöst und ins Unendliche schaut, sondern dass er diese Fixierung einige Minuten aufrechterhält (vgl. Peter 2015a, S. 39 ff.). Das folgende Beispiel einer Augenfixation ist für Patienten mit Angststörungen geeignet. Die Ein- und Ausleitung kann jedoch auch separat verwendet oder mit Hypnosetexten/Suggestionen zu anderen Störungsbildern kombiniert werden.

Schaue nun auf die Spitze des Kugelschreibers und konzentriere dich ganz darauf. Die Konzentration auf die Spitze des Kugelschreibers gibt deinem Unterbewusstsein die Möglichkeit, sich zu öffnen und meine Worte tief in sein Inneres aufzunehmen. Spüre, wie sich ein Gefühl der Schwere in deinen Augenlidern zu verbreiten beginnt, während Du auf die Spitze des Kugelschreibers schaust. Immer schwerer und schwerer werden deine Augenlider. Die Schwere in deinen Augenlidern wird immer intensiver und intensiver. Schwer wie Blei sind jetzt deine Augenlider. Erlaube dir deine Augenlider zu schließen ... lass' sie einfach zufallen ... atme ruhig und gleichmäßig ... ein ... und wieder aus ... ein ... und wieder aus ... lass' dich zur Ruhe kommen ... atme ein ... und atme aus ... und spüre, wie nun eine warme Welle der Ruhe und Entspannung durch deinen ganzen Körper fließt. Jeder einzelne Muskel deines Körpers entspannt sich nun zum Klang meiner Stimme ... und Du atmest tief und entspannt weiter.

Immer tiefer und tiefer sinkst Du in einen angenehmen Zustand der Ruhe und Entspannung ... spürst, wie Du dabei immer müder und müder wirst. Tiefer und tiefer sinkst Du in diesen wohligen Zustand der Entspannung. Du fühlst dich rundum ruhig und zufrieden. Spüre, wie die Welle der Entspannung beginnend von deiner Stirn nun abwärts fließt ... sie löst alles in deiner Stirn, was in irgendeiner Form angespannt sein sollte ... lass' diese Anspannung jetzt einfach los. Die Welle fließt weiter in deinen Kiefer ... und macht sich jetzt in deinem gesamten Gesicht breit ... entspanne alle Muskeln in deinem Gesicht. Von dort fließt sie weiter hinab in deinen Hals und in deinen Nacken ... breitet sich in deinen Schultern aus und spült jedes Gefühl der Anspannung davon. Sie fließt durch deine Oberarme und Unterarme ... durch dein Handgelenk in die Hände, bis ganz in die Fingerspitzen ... entspanne dich dabei immer mehr und mehr. Sanft fließt die Welle durch deine Wirbelsäule ... spüre, wie sich jeder einzelne Wirbel zunehmend entspannt und das angenehme Gefühl der Entspannung deine ganze Wirbelsäule und mit ihr deinen ganzen Rücken umhüllt.

Jetzt fließt die Welle der Entspannung durch deinen Oberkörper und von dort aus weiter hinab in deinen Bauch und in dein Becken. Spüre, wie sich dieses wunderschöne Gefühl der Ruhe und Entspannung immer mehr in deinem Körper ausbreitet. Die Welle fließt jetzt auch in deine Beine ... deine Oberschenkel entspannen immer mehr und Du spürst die Entspannung jetzt noch weiter absteigen in deine Unterschenkel. Die Muskeln deiner Beine entspannen sich immer mehr und mehr und Du wirst immer müder und müder. Spüre, wie die Welle der Entspannung jetzt durch deine Füße fließt und fühle den leichten Sog, mit dem die Schwerkraft deine Füße leicht nach unten zieht. Deine Füße entspannen sich, sind ganz schwer ... dein ganzer Körper ist erfüllt von einer angenehmen Schwere, die mit der Entspannung einhergeht.

Und Du sinkst nun immer tiefer in einen wohligen und angenehmen Schlaf. Du fühlst dich vollkommen wohl und entspannt ... und mit jedem Ausatmen wirst Du immer müder und müder und Du sinkst immer tiefer und tiefer. Lass' jetzt alles los, was noch nicht losgelassen ist ... und alle Gedanken, die noch durch dein Bewusstsein reisen, werden jetzt immer langsamer, bewegen sich in Zeitlupe ... und ziehen dann vorüber, wie die Wolken am Himmel ... und Du spürst deutlich, wie Du jetzt noch tiefer in diesen angenehmen Zustand der Entspannung sinkst. Tauch' ein in dieses wunderschöne Gefühl von innerem Frieden und genieße es. Lass' dieses Gefühl einfach fließen, überallhin, durch deinen ganzen Körper. Du fühlst dich angenehm schwer und zufrieden in jeder Hinsicht ... und mit jedem Ausatmen fühlst Du dich noch besser und je besser Du dich fühlst, umso tiefer sinkst Du in einen Zustand ganzheitlicher Entspannung. Du konzentrierst dich jetzt nur noch auf meine Stimme, folgst mühelos meinen Worten und entspannst dich dabei immer mehr und mehr. Dein Unterbewusstsein öffnet sich jetzt ganz weit, für jedes meiner Worte, während die Ruhe in dir tiefer wird.

Stelle dir jetzt einmal eine kleine goldgelbe Sonne vor. Vielleicht befindet sie sich in deinem Bauch oder in deiner Brust. Die Sonne ist rund und klein, doch mit jedem Zweifel und mit jeder Sorge, die Du loslässt, wird sie größer und wärmer und mit jedem Atemzug strahlt sie heller.

Vielleicht sind da irgendwelche Ängste in dir, die Du mit dir herumschleppst. Einige Ängste begleiten dich vielleicht schon seit deiner Kindheit und andere sind möglicherweise erst später hinzugekommen. Manche Ängste sind dir nützlich, weil sie dich schützen und vielleicht gab es in deiner Kindheit etwas, was dir Angst gemacht hat und dem Du ausgewichen bist ... das ist ganz natürlich. Möglicherweise begleiten dich manche Ängste von damals auch heute noch, obwohl sie längst überflüssig geworden sind, weil von dem, wovor Du dich gefürchtet hast, heute keine Gefahr mehr ausgeht. Und Du weißt in deinem Innern, dass Du diese Ängste nur loswirst, indem Du ihnen gegenübertrittst und sie anschaust ... und oft genügt allein das, damit sie verschwinden.

Du hast nun die Gelegenheit, dich einmal der einen oder anderen Angst zuzuwenden und sie anzuschauen, wenn Du dazu bereit bist ... nur so weit, wie es gut für dich ist. Du bist vollkommen sicher, denn deine innere Sonne umhüllt dich mit einem warmen und hellen Lichtmantel, der dir die Kraft gibt, der Angst ins Gesicht zu schauen, aus dem sicheren Abstand deiner inneren Ruhe heraus. Und in dem hellen Licht deines Mantels, erscheint die Angst gleich viel weniger dunkel und furchtsam. Und jedes Mal, wenn Du deiner Angst ins Gesicht schaust, strahlt der Lichtmantel, der dich umgibt, noch heller als zuvor, weil deine innere Sonne immer dann wächst, wenn Du deiner Angst in die Augen siehst. Der Lichtmantel umhüllt dich mit seiner Wärme, die sich immer mehr in dir ausbreitet und sich wie ein goldgelbes Pflaster sanft über deine Schmerzen legt, die durch die Angst in dir ausgelöst werden.

Und Du stellst fest, dass die Angst jetzt kleiner wird. Sie wird kleiner, weil Du sie ansiehst und sie dadurch ihren Schrecken verliert. Du genießt es, ganz bei dir zu sein, während Du dabei zusiehst, wie deine Angst immer kleiner und kleiner wird. Und Du spürst, wie deine innere Sonne jetzt jede noch so kleine Zelle deines Körpers mit ihrem Licht durchflutet. Sonnendurchtränkt ist jetzt dein ganzer Körper und Du fühlst dich sicher und geborgen in diesem wohlig warmen und hellen Licht deiner inneren Sonne. Und während deine Sonne immer größer und wärmer wird, werden deine Ängste immer kleiner und unbedeutender, wie der Morgentau auf dem Gras, der durch die ersten Sonnenstrahlen dahinschmilzt. Immer mehr verblassen deine Ängste, werden überstrahlt vom Licht deiner inneren Sonne. Und Du fühlst dich so erleichtert, so frei und beschwingt ... und mit jedem Ausatmen fallen all deine überflüssigen Ängste und Sorgen immer mehr von dir ab, wie kleine Regentropfen, die vom Himmel fallen und dann einfach im Erdboden versickern. Du fühlst dich befreit von der Last deiner Angst, die viel zu lange schon viel zu schwer war. Genieße dieses leichte Gefühl, das deinen ganzen Körper und auch deinen Geist erfüllt.

Und auf einmal spürst Du, dass da etwas in dir ist, das an die Stelle getreten ist, auf der zuvor deine Angst war. Es ist etwas Zartes und Liebenswertes. Es ist dein inneres Kind. Du schaust es an und siehst, dass es ein Lächeln auf dem Gesicht trägt. Es stahlt immer dann, wenn Du dich ihm zuwendest. Und wenn da noch einmal die Angst kommt, gehe zu deinem inneren Kind, umarme es, beschütze es und schenke ihm die Liebe, die es braucht. Umhülle es mit deinem Lichtmantel, denn es ist wertvoll, auch wenn es mal Angst hat. Wertvoll, einfach weil es da ist.

Du kannst dich zukünftig bewusst dafür entscheiden, deine Ängste anzuschauen, in dem Wissen, dass deine innere Sonne dich beschützt und dein inneres Kind dich leitet, wenn Du ihm zuhörst und es danach fragst, was es braucht und Du es ihm dann einfach gibst, weil es wertvoll ist, weil es da ist und schon immer da war und es deshalb keiner weiteren Begründung bedarf. Und Du spürst, wie deine Brust sich jetzt weitet und dein Atem immer freier und leichter fließt. Ich werde nun langsam bis zehn zählen und mit jeder Zahl spürst Du, wie die Schwere und Müdigkeit allmählich aus deinem Körper und aus deinem Geist weicht.

Eins – Die Schwere löst sich in deinen Füßen auf. Zwei – Die Schwere zieht sich aus deinen Unter- und Oberschenkeln zurück. Drei – Die Schwere verschwindet aus deinem Becken und deinem Bauch. Vier – Die Schwere entweicht aus deinem Oberkörper. Fünf – Die Schwere löst sich in deiner Wirbelsäule und in deinem Rücken auf. Sechs – Du spürst, wie sich die Schwere aus deinen Händen, aus deinen Unter- und Oberarmen sowie aus deinen Schultern und deinem Nacken zurückzieht. Sieben – Die Schwere löst sich aus deinem Kiefer, verschwindet aus deinen Augenlidern, aus deiner Stirn und aus deinem gesamten Gesicht. Acht – Du wirst dir deiner Umgebung gewahr und spürst, wie immer mehr Energie in deinen Körper zurückfließt. Neun – Bewege ruhig einmal deine Arme und Beine und spüre, wie Du schon fast wach bist. Zehn – Wach auf! Öffne deine Augen! Du bist wieder frisch und munter in der Gegenwart. (Angela Klein)

Jeder Suggestionstext dieser Art muss vom Therapeuten individuell an die Bedürfnisse des jeweiligen Patienten angepasst sein. Fehlerhafte Suggestionen, die nicht zur Situation des Patienten passen, können dem Patienten im schlimmsten Fall schaden. (Angela Klein)

5.3 Die Ausleitung der Hypnose

Die Trance wird in der traditionellen Therapie beendet, wenn der Therapeut die therapeutischen Suggestionen vorgetragen hat. Der Therapeut bestimmt den Zeitpunkt des Abschlusses und des Aufwachsens aus der Trance (vgl. Zeig 2015, S. 83). Die Rücknahme erfolgt in aller Regel mit der Zählmethode (vgl. Schulz-Stübner 2006, S. 60), indem der Therapeut z. B. von eins bis fünf zählt und der Patient daraufhin aus der Trance erwacht (vgl. Zeig 2015, S. 83). Das kann wie folgt formuliert werden:

Ich werde nun bis fünf zählen und bei fünf angekommen, bist Du wieder vollkommen wach. Eins – Du wirst immer wacher. Zwei – Dein Körper wird immer leichter. Drei – Strecke deine Arme und Beine. Vier – Du wachst gleich auf und fühlst dich frisch und voller Energie. Fünf – Wach' auf! Öffne deine Augen, Du bist jetzt vollkommen wach! (Angela Klein)

Es ist nützlich, wenn der Therapeut die Trance auf die Art zurücknimmt, auf die er sie induziert hat. Hat er die Tranceinduktion von außen nach innen vorgenommen, geht er bei der Reorientierung in umgekehrter Richtung vor. Der Therapeut lenkt in diesem Fall die Orientierung von der Innenwelt des Patienten wieder auf die Außenwahrnehmung (vgl. Benaguid/Schramm 2016, S. 153). Die Rücknahme der Hypnose kann auch an physiologische Variablen, z. B. die Atmung, gekoppelt werden (vgl. Schulz-Stübner 2007, S. 60). Hier ein Beispiel:

Du atmest jetzt tief ein und wieder aus, ein und wieder aus. Mit den nächsten fünf Atemzügen richtest Du deine Aufmerksamkeit voll und ganz auf die Gegenwart. Mit den nächsten fünf Atemzügen steigen dein Blutdruck und dein Puls wieder auf für dich normale Wachwerte. Mit den nächsten fünf Atemzügen spürst Du, wie die Schwere aus deinen Muskeln entweicht und immer mehr Energie in deinen Körper fließt. Mit den nächsten fünf Atemzügen wirst Du immer wacher. Mit den nächsten fünf Atemzügen öffnest Du deine Augen, wachst auf und bist wieder völlig im Hier und Jetzt. (Angela Klein)

Nach dem Erwachen vergewissert sich der Therapeut, dass der Patient wieder richtig orientiert und klar ist. In wenigen Fällen ist eine zweite Rücknahme der Hypnose erforderlich (vgl. Schulz-Stübner 2007, S. 60 f.).

5.4 Die Nachbesprechung

Nach dem Abschluss der Hypnose spricht der Therapeut mit dem Patienten über sein Befinden und seine Erfahrungen unter Hypnose und ratifiziert seine positiven Reaktionen. Durch die Ratifikation werden dem Patienten offen oder implizit ein Engagement, die Entwicklung einer willensunabhängigen Aktivität und eine Veränderung hinsichtlich seiner Kontrolle über das, was geschehen ist, bestätigt. In diesem Kontext kann der Therapeut den Patienten fragen, wie lange ihm die Trance erschienen ist oder ob er eine so tiefe Entspannung schon einmal erlebt hat.

Die Wirksamkeit der therapeutischen Suggestionen wird durch den Patienten ratifiziert und implizit verstärkt, wenn er über eine Veränderung seines Engagements und seiner Willenskraft berichtet und damit bestätigt, dass er eine Trance erlebt hat (vgl. Zeig 2015, S. 83 f.). Von Bedeutung ist außerdem, dass der Patient nach der Trance die Wirkung der Hypnose verspüren und genießen kann und sie nicht analysiert oder interpretiert, da dies dem Erfolg der Hypnose abträglich wäre (vgl. Kaiser Rekkas 2013b, S. 59 ff.).

5.5 Der Therapieverlauf

Eine klassische Therapiestunde dauert maximal 50 Minuten. Einzelne Sitzungen können auch bis zu 90 Minuten dauern, wenn die Hypnose zum Einsatz kommt. Für das innere Wachstum des Patienten ist es wesentlich, dass der Therapeut dem Patienten die Zeit einräumt, die dieser für Veränderungen benötigt. Unbewusste Prozesse werden vom Therapeuten nicht forciert (vgl. Kaiser Rekkas 2013a, S. 214). Ist eine Hypnose für eine Sitzung geplant, kann die erste Hälfte der Sitzung zur Hypnose genutzt werden und der zweite Teil zur Besprechung (vgl. Erickson/Rossi 2015a, S. 31).

Was die Länge der Therapie betrifft, so geht aus Untersuchungen hervor, dass in wirksamen Therapieformen, wozu insbesondere kognitiv-behaviorale Verfahren zählen, die positiven Wirkungen der Therapie mit einer geringen Sitzungszahl erreicht werden. Lediglich bei psychoanalytischen Therapien treten bei ähnlich kurzer Therapiedauer keine nennenswerten Therapieeffekte ein (vgl. Grawe et al. 1994, S. 696). Die Hypnose ist hier nicht inbegriffen. Eine Metaanalyse von Leichsenring und Rabung ergab, dass bei Patienten mit komplexen psychischen Störungen eine psychodynamische Therapie über mindestens ein Jahr oder mindestens 50 Sitzungen (Langzeittherapie) einer kürzeren Therapie hinsichtlich der Wirksamkeit signifikant überlegen ist (vgl. Leichsenring/Rabung 2008, S. 1551 ff.).

Die Intervalle der Sitzungen sind, sobald der Patient Therapieerfolge aufweist, vom Therapeuten in Abstände von zwei bis drei Wochen zu setzen nach der Devise „So viel wie nötig, aber so wenig wie möglich". Der Therapeut denkt außerdem an Rückfälle und betreibt Prophylaxe. Fortschritte und Rückfälle gehören zur Eigendynamik einer Psychotherapie, die einer Art Wellenbewegung entspricht, dazu. Auch wenn Rückfälle normal sind, sollten die Fortschritte in der Therapie dominieren. Die Sitzungen sind in längeren Abständen (z. B. alle drei Monate) angebracht, wenn die Erreichung des Therapiezieles nach evtl. zehn, 20 oder 30 Sitzungen näher rückt (vgl. Kaiser Rekkas 2013b, S. 59 ff.).

Diese Technik wird insbesondere von Verhaltenstherapeuten als „Ausschleichen" bezeichnet. Mit der Reduzierung der monatlichen Stundenanzahl gegen Ende der Therapie wird beabsichtigt, dem Patienten die Ablösung aus der therapeutischen Beziehung und den Übergang in die nachtherapeutische Phase zu erleichtern (vgl. Müller-Ebert 2001, S. 128).

5.6 Das Therapieende

Für den Verlauf und das Ergebnis einer Psychotherapie sind Anfang und Ende von besonderer Relevanz. Das Ende einer Therapie ist durch Trennung, Abschied, Ablösung und Loslassen charakterisiert. Einerseits bedeutet das Ende einer gelungenen Therapie für den Patienten den Verlust der vertrauten und hilfreichen Beziehung mit dem Therapeuten und der damit einhergehenden wohltuenden Zuverlässigkeit und Sicherheit. Andererseits kennzeichnet das Therapieende den erfolgreichen Abschluss einer therapeutischen Behandlung und Beziehung und führt im besten Fall zum erwünschten selbstständigen Neubeginn. Damit die Trennung am Ende der Therapie gelingt und der Patient die Trennung bewältigen kann, bereitet der Therapeut ihn in psychischer Hinsicht bereits während der Therapie rechtzeitig auf das Therapieende vor. Dies geschieht in der Abschlussphase der Therapie (vgl. Rieber-Hunscha 2004, S. VII).

Vom Therapeuten erfordert die Endphase ein zielgerichtetes Beendigungshandeln und Trennungskompetenz. Mit Trennungskompetenz ist ein besonderes Handlungs-, Bewusstseins- und theoretisches Repertoire hinsichtlich des Abschieds und der Trennung gemeint (vgl. Müller-Ebert 2005, S. 150 ff.). In dieses fließt nicht nur eine therapeutisch-technische Handhabung, sondern auch ein reflektiertes theoretisches Beendigungswissen ein. Dieses umfasst neben gesellschaftlichen Vorstellungen von Trennung und Loslassen (vgl. Müller-Ebert 2001, S. 25) sowie dem Wissen, dass ein endgültiger Abschied eher geleugnet und vermieden wird (vgl. Müller-Ebert 2001, S. 57), auch das persönliche Trennungserleben des Therapeuten.

Ferner zählen zum Beendigungswissen theoretische Konzepte im Kontext der jeweiligen Schulrichtung des Therapeuten (vgl. Müller-Ebert 2001, S. 25) sowie diagnostische Kenntnisse über Trennungs- und Bindungsverhalten bei verschiedenen Krankheitsbildern.

Auch der Tatsache, dass der Abschied in Psychotherapien ein fundamentales Beziehungs-geschehen zwischen Therapeut und Patient auslöst, ist sich der Therapeut bewusst. Das praktische Beendigungswissen des Therapeuten kann vor dem Hintergrund der theoretischen Kenntnisse wirksam werden. Der Therapeut achtet sowohl aufmerksam auf Beendigungs-hinweise sowie auf die Symptomverringerung beim Patienten als auch auf die Beziehungsqualität im Prozess und auf verändertes Verhalten des Patienten bezüglich der Rahmenbedingungen der Therapie (z. B. Unpünktlichkeit oder Abwehrhandlungen) (vgl. Müller-Ebert 2001, S. 57 f.).

Bei den verhaltensorientierten Verfahren löst die Beobachtung des Verschwindens von Symptomen beim Patienten mehr oder minder unmittelbar die Beendigung der Therapie aus. Die Beachtung der Beziehungsqualität (Übertragungsneurose) rückt in anderen Verfahren hingegen in den Vordergrund der Behandlung. Dies kann eine intensivere Beschäftigung mit Beobachtungen, Erleben, Erinnern und Deuten zur Folge haben. Bei den beziehungs-orientierten Verfahren ist nicht das Verschwinden des Symptoms der entscheidende Hinweis auf das Ende der Therapie, sondern die Qualität der endenden therapeutischen Beziehung. Auch Äußerungen vonseiten des Patienten, die Therapie beenden zu wollen, dienen als Hinweis.

Ein bedeutsames Indiz dafür, dass ein Patient die Bilanz aus mitmenschlichen Beziehungen zu ziehen versteht und dies auch möchte, ist das Auftauchen des Gefühls von aufrichtiger Dankbarkeit (z. B. gegenüber Freunden, Eltern, Lebenspartnern oder Lehrpersonen). Beim Patienten kann die Äußerung von Dankbarkeit für Gegebenes und Erhaltens als gefühlsmäßiger Ausdruck für die Bereitschaft verstanden werden, eine Beziehung – hier auch die therapeutische Beziehung – zu beenden (vgl. Müller-Ebert 2001, S. 31 f.). Die Initiative für eine Beendigung der Therapie kann vom Therapeuten, vom Patienten oder von Faktoren außerhalb wie der Krankenkasse ausgehen (vgl. Müller-Ebert 2001, S. 58).

Wird der Fokus in der Abschlussphase der Therapie auf Trennung und Abschied gerichtet (vgl. Müller-Ebert 2005, S. 150 ff.) und empfindet der Patient das Beendigungs- und Trennungserleben seines Therapeuten als befriedigend, wird sich zudem eine positiv umordnende und umdeutende Wirkung auf frühere Trennungstraumata des Patienten einstellen. Die Verarbeitung eines frühen negativen Erlebens kann durch die bewusst erlebte aktuelle Trennung von der Therapie ermöglicht werden. Darüber hinaus kann das in der Therapie Erlebte durch die methodisch reflektierte und menschlich abgeklärte Trennung weiter nachwirken (vgl. Müller-Ebert 2001, S. 27).

Um den Therapieerfolg zu stabilisieren und sicherzugehen, dass ein evtl. schnell erreichter Fortschritt auch anhält, kann der Therapeut nach einiger Zeit nochmals eine Sitzung mit dem

Patienten planen, die als Langzeitkontrolle dient. Dem Therapeuten dient eine solche Sitzung nach längerer Zeit als Selbstkontrolle zur Überprüfung und Korrektur seiner Interventionen (vgl. Kaiser Rekkas 2013b, S. 59 ff.).

Das folgende Kapitel 6 greift das Thema „Therapeut-Patient-Beziehung" auf. In diesem Zusammenhang wird neben der Bedeutsamkeit einer positiven Erwartungshaltung beim Patienten auch auf die Ausbildung und die Anforderungen des Therapeuten, den therapeutischen Prozess sowie auf die Übertragung und Gegenübertragung in der Hypnosetherapie eingegangen.

6. Die Therapeut-Patient-Beziehung in der Hypnose

Die therapeutische Beziehung ist für die Mehrzahl der psychotherapeutischen Verfahren das Kernstück der Therapie. Sie zählt zu den allgemeinen Wirkfaktoren in einer Therapie (vgl. Warschburger 2009, S. 70). Der Schweizer Psychotherapieforscher Klaus Grawe hält die allgemeinen Faktoren für die wesentlichen Wirkkräfte jeder Therapie. Er benennt diese Punkte: Problemaktualisierung, Ressourcenaktivierung, Problembewältigung, motivationale Klärung und Therapiebeziehung. Nach Grawe ist es notwendig, dass ein Therapeut, der effektiv behandeln will, diese Faktoren aktivieren kann. Der Einsatz eines bestimmten Verfahrens sei dazu nicht erforderlich (vgl. Rudolf 2014, S. 59).

Jedoch gibt es zwei gegensätzliche Vorstellungen darüber, was Psychotherapie wirksam macht. Zum einen die Anschauungsweise, dass zwischen unterschiedlichen Psychotherapie-richtungen nur geringe Wirkunterschiede existieren und die Wirksamkeit von Psychotherapie somit auf allgemeine Wirkfaktoren zurückgeführt wird. Zum anderen die Sichtweise von Befürwortern empirisch fundierter Psychotherapieansätze, dass es verfahrens- oder störungsspezifische Wirkfaktoren sind, die für die Wirksamkeit von Psychotherapie verantwortlich sind. Eine klare und einheitliche Definition des Wirkfaktorenbegriffs gibt es nicht. Eine Zuordnung der Wirkfaktoren kann sich außerdem auf die unterschiedlichen Ebenen des Therapieprozesses beziehen.

Eine Perspektive, die spezifische und allgemeine Wirkfaktoren in ihrer synergistischen Wirkung sowie ihrem Zusammenspiel mit Störungsparametern und individuellen Patientenmerkmalen betrachtet, erscheint aus diesen Gründen konzeptuell angemessener (vgl. Pfammatter/Tschacher 2012, S. 67 ff.). Aus einer Fülle von empirischen Ergebnissen zum Therapieerfolg haben die beiden Psychologen Michael Lambert und Dean Barley versucht, den Anteil ausfindig zu machen, den unterschiedliche Prädiktoren zur gesundheitlichen Besserung von Patienten der Psychotherapie leisten.

Eine grobe und dennoch vertrauenswürdige Schätzung des relativen Beitrages unter-schiedlicher Variablen zum Resultat der Psychotherapie lässt sie zu folgendem Ergebnis kommen (vgl. Bastine 2012, S. 21): Es sind primär unspezifische Faktoren wie außer-therapeutische Einflüsse (40 Prozent) und Beziehungsfaktoren (30 Prozent), die einen größeren Anteil am Erfolg einer Therapie haben als störungsspezifische Techniken (15 Prozent) und Erwartungseffekte (Placebo-Effekte) (15 Prozent) (vgl. Lambert/Barley 2001, S. 357 ff.). Mit Erwartungseffekten ist die Einstellung der Patienten gemeint, die mit der Hoffnung verknüpft ist, durch die Therapie eine Verbesserung zu erreichen (vgl. Nestoriuc et al. 2012, S. 172). In der empirischen Psychotherapie-Prozessforschung, die sich mit

Mechanismen befasst, die im Rahmen des therapeutischen Prozesses zu Veränderungen führen (vgl. Schiepek 2014, S. 18), zeigte sich in Untersuchungen und Studien (vgl. Orlinsky et al. 1994, S. 270 ff.), dass der Bindungsbeziehung zwischen Patient und Therapeut, wenn sie auf das gesamte Spektrum jener Variablen bezogen wird, die das Therapieergebnis beeinflussen können, ein prädiktiver Wert zukommt (vgl. Brisch 2012, S. 134).

Die Qualität der therapeutischen Beziehung korreliert positiv und konstant mit dem Therapieerfolg. Dies trifft vor allem dann zu, wenn der Patient durch die Therapie Vertrauenswürdigkeit, Verständnis, Unterstützung, Kompetenz und die Vermittlung von Hoffnung auf Veränderung erfährt. In diesem Fall wird von einem gelungenen Aufbau einer therapeutischen Allianz [17] gesprochen (vgl. Joraschky/Petrowski 2008, S. 354). Bei der therapeutischen Allianz können zwei Aspekte unterschieden werden, die miteinander interagieren: zum einen die Gestaltung der therapeutischen Beziehung durch den Therapeuten und zum anderen die Umgangsweise des Patienten mit dieser therapeutischen Beziehungsgestaltung.

Letztere umfasst eine Reihe von Aspekten, z. B. das Vertrauen des Patienten dem Therapeuten persönlich gegenüber und das Vertrauen in seine Kompetenz: außerdem das Verständnis aufseiten des Patienten, dass es um seine Probleme und nicht um die Probleme des Therapeuten geht: und auch die Akzeptanz, dass es sich bei der Therapeut-Patient-Beziehung um eine asymmetrische Beziehung handelt, die eine klare und unumkehrbare Rollenverteilung vorsieht. Der Therapeut nimmt Einfluss auf den Patienten, und dieser bringt die Bereitschaft mit, sich mit den Interventionen des Therapeuten auseinanderzusetzen. Der Patient akzeptiert, dass der Therapeut bei seiner Beziehungsaufnahme auch Distanz hält und halten muss, um ihm effektiv helfen zu können.

Nicht zuletzt ist es die Aufgabe des Patienten, eine Mitverantwortung für den Therapieprozess zu übernehmen und diesbezüglich z. B. relevante Themen zur Sprache zu bringen. Hingegen nimmt der Therapeut die Rolle eines neutralen Moderators ein, eines Experten, der dem Patienten hilft, einen konstruktiven Umgang mit seinem Problem zu finden oder/und dieses zu lösen, ohne dabei selbst in das Problem involviert zu sein (vgl. Sachse 1997, S. 141 f.).

Die professionelle Beziehungsgestaltung wird ausschließlich vom Therapeuten vorgenommen. Er gestaltet die Beziehung nach Regeln, analysiert die Beziehungsmotive des Patienten und gestaltet sein eigenes Handeln daraufhin komplementär. Im Hinblick auf das Erreichen therapeutischer Ziele, gestaltet der Therapeut die Beziehung geplant und gezielt. Es kann daher ausschließlich im Hinblick auf den Therapeuten von Beziehungsgestaltung gesprochen

---

[17] Die therapeutische Arbeitsbeziehung wird auch als „therapeutische Allianz" bezeichnet (vgl. Sollberger 2008, S. 42).

werden. Die Beziehungsgestaltung erfordert vom Therapeuten ein aktives, steuerndes Handeln. Es ist die Aufgabe des Therapeuten zu erkennen, wie ein Patient die Beziehung gestaltet und welche dysfunktionalen Interaktionsmuster er in den Therapieprozess einbringt. Auf diese reagiert der Therapeut konstruktiv.

Eine gelingende Therapeut-Patient-Beziehung trotz dysfunktionaler Interaktions-muster des Patienten zu erreichen, ist eine entscheidende Aufgabe des Therapeuten. Um dieser Aufgabe gerecht zu werden, benötigt der Therapeut konstruktive Strategien für die Beziehungs-gestaltung. Die Qualität der therapeutischen Beziehung hängt maßgeblich vom Therapeuten ab (vgl. Sachse 2015, S. 12 ff.). Rogers definierte im Rahmen seiner Gesprächs-psychotherapie drei therapeutische Basisvariablen, die für die Gestaltung einer tragfähigen therapeutischen Beziehung zentral sind: Empathie (einfühlendes Verstehen), Kongruenz (Echtheit) und Akzeptanz (bedingungslose Wertschätzung) (vgl. Laux 2005, S. 515).

Anders als beim normalen Gespräch, kann die Aufrechterhaltung des hypnotischen Rapports auch ohne Augenkontakt oder verbale Interaktion gelingen. Im Wesentlichen wird der hypnotische Rapport durch Pacing (angleichen, spiegeln) erzeugt, das auf verbaler und nonverbaler Ebene erfolgt. Ein daraus erwachsener Zustand kann als Synchronisation zwischen Therapeut und Patient bezeichnet werden. Dadurch wird trotz der asymmetrischen Rollenverteilung zwischen Therapeut und Patient eine symmetrische Beziehungsgestaltung verfolgt (vgl. Revenstorf 2003, S. 13).

Der Therapeut macht Aussagen, mit denen er äußere und innere Erfahrungen des Patienten anerkennt und akzeptiert (Pacing). Diese Erfahrungen des Patienten bringt der Therapeut wiederum mit „wünschenswerten Möglichkeiten" in Verbindung (Leading) (vgl. Gilligan 2008, S. 129). Er behält im Blick, dass Kommunikation bereits stattfindet, bevor ein einziges Wort gesprochen worden ist, und zwar mittels nonverbalen Verhaltens in Form von Prosodie, Gestik, Ausdruck, Haltung und Nähe (vgl. Zeig 2015, S. 174). Der Patient kommuniziert, wie auch andere Menschen, mit seiner Körpersprache, Haltung, Mimik, Stimmlage, Sprechverhalten und Atemfrequenz wesentliche Anteile seiner Stimmung. Greift der Therapeut einzelne Elemente bzw. die nonverbalen Ausdrucksformen des Patienten auf und spiegelt sie erneut, kann dies den Rapport verbessern. Das kann z. B. eine lockere oder verschränkte Sitzhaltung sein. Auch kann der Therapeut Elemente aus der Gestik aufnehmen oder seinen eigenen Atemrhythmus dem des Patienten anpassen.

Verändert der Therapeut nach einiger Zeit die Elemente, ist die Wahrscheinlichkeit gegeben, dass der Patient seinen Leading-Vorschlägen folgt. Ist dies nicht der Fall, kann der Therapeut zum Pacing zurückkehren (vgl. Muffler 2015, S. 35 f.). Eine weitere Methode um Rapport herzustellen ist die Anpassung an die vom Patienten gebrauchten Wörter, mit denen er

Beziehungen und Handlungen beschreibt. Bei den meisten Menschen liegt eine bevorzugte Verwendung eines bestimmten Sinnessystems vor, wenn sie ihre Erlebnisse verarbeiten.

Die Mehrheit der Menschen ist visuell ausgerichtet (etwa 40 Prozent der Bevölkerung). Ihr Erleben beschreiben sie entsprechend (vgl. Zeyner 2012, S. 53): „Ich blicke da nicht mehr durch", „Ich sehe da keinen Ausweg" etc. (Zeyner 2012, S. 53) Hingegen finden sich bei kinästhetisch orientierten Menschen Ausdrücke wie (vgl. Zeyner 2012, S. 53): „Ich bin blockiert", „Ich fühle mich überfahren", „Als würde alles auf mich einstürzen". Für Menschen mit einer auditiven Ausrichtung (vgl. Zeyner 2012, S. 53) „hört sich das alles nicht gut an" und sie wären gern „wieder mit sich im Einklang" (Zeyner 2012, S. 53)

Zum Pacing bietet sich außerdem der Stil der Informationsverarbeitung an. Der Therapeut folgt den Assoziationen des Patienten und spiegelt seine Äußerungen, wenn dieser etwa eine diffuse Aufmerksamkeitsverteilung zeigt. Dies erreicht der Therapeut, indem er die als zentral eingeschätzten Aussagen des Patienten weitgehend wiederholt (vgl. Zeyner 2012, S. 53). Der Psychotherapieforscher Hans H. Strupp geht davon aus, dass Menschen dann einen Psychotherapeuten aufsuchen, wenn sie dauerhaft mit ihrem Gefühlszustand und/oder Verhalten oder eigenen zwischenmenschlichen Beziehungen unzufrieden sind und sich eine Verbesserung wünschen. Das kann nach Strupp gelingen, indem sie sich in eine professionelle Beziehung zu einem Psychotherapeuten begeben. Der Therapeut übernimmt in dieser Beziehung die Funktion einer wohlwollenden Bezugsperson, um das menschliche, bei Patienten ungestillte Bedürfnis nach Zuneigung zu befriedigen. Der Kontakt zum Therapeuten in einer professionellen Beziehung kann neben einer korrektiven zwischenmenschlichen Erfahrung auch einen Lerneffekt aufseiten des Patienten zur Folge haben (vgl. Strupp 1999, S. 14 f.).

Das Wissen, schwierige Erfahrungen und Erlebnisse mit einem Menschen (dem Therapeuten) teilen zu können, erleichtert dem Patienten die Bearbeitung und Bewältigung unterschiedlicher Problemlagen im Verlauf des Therapieprozesses. In schweren Krisen die Anwesenheit und die Begleitung eines Menschen (des Therapeuten) zu erfahren, kann zu einem Gefühl der Verbundenheit zwischen den beiden führen. Therapeut und Patient teilen in solch einem Fall gemeinsam erlebte Erfahrungen und erkennen unter Umständen einen Sinn im Gesamtbild des Therapiegeschehens. Eine stabile therapeutische Beziehung, die professioneller Natur ist, kann außerdem emotionales, kognitives und soziales Wachstum des Patienten bewirken (vgl. Klumpp 2006, S. 303).

Eine aufrichtige Anteilnahme und ein echtes Interesse des Therapeuten am Patienten sowie die Vermittlung liebevoller Aufmerksamkeit sind entscheidende Elemente, damit die Therapeut-Patient-Beziehung heilsam wirkt (vgl. Siegel 2012, S. 93 ff.). Die heilsame Erfahrung kommt beim Patienten zustande, wenn er sich vom Therapeuten gesehen und ernst genommen fühlt und wenn er wahrnimmt, dass das, was er sagt, wichtig ist; schon allein das hat eine stärkende Wirkung auf ihn (vgl. Schwing/Fryser 2013, S. 24). Spürt der Patient die aufrichtige Neugier, Offenheit und Akzeptanz des Therapeuten, vermittelt ihm das ein Gefühl professioneller Anteilnahme, die nach Siegel als „heilsame Form von Liebe" bezeichnet werden könnte.

Um eine Verwechslung von professionellen Gefühlen der liebevollen Anteilnahme mit persönlichen Formen von Liebe im Rahmen einer Psychotherapie zu vermeiden, kann anstelle des Begriffs „Liebe" der Ausdruck „liebende Güte" verwendet werden, der aus der Achtsamkeitspraxis stammt (vgl. Siegel 2012, S. 93 ff.). Der Patient hat aufgrund gelernter Beschränkungen Probleme. Seine Gefangenschaft in geistigen Einstellungen und Glaubenssystemen gestattet es ihm nicht seine eigenen Potenziale zu nutzen. Idealerweise wird durch die therapeutische Transaktion eine neue Welt geschaffen, in der es dem Patienten gelingt, weitgehend befreit von seinen gelernten Begrenzungen, seine eigenen Potenziale zu explorieren (vgl. Erickson/Rossi 2013, S. 14).

Der Therapeut arbeitet mit dem Patienten permissiv und setzt ihn in der Therapie nicht unter Druck, da unbewusste Tätigkeit Freiraum braucht und sich auf diese Art nach den Erfahrungen von Erickson et al. die „besten Erfolge" verbuchen lassen. Die therapeutische Beziehung basiert auf Vertrauen und nicht auf Zwang und Kontrolle. Der Therapeut dient als Modell für das, was er lehrt, und der Patient adaptiert sich dementsprechend und kann Vertrauen in sich selbst etablieren. Je empfänglicher der Patient für die Lenkung durch den Therapeuten ist, und je größer seine Fähigkeit ist, sich von dem, was der Therapeut sagt, packen zu lassen, desto mehr eignet er sich für die Hypnose. Um die Hypnose von Grund auf zu beherrschen, ist es erforderlich, dass der Therapeut sich darin trainiert, die Dynamik der Verfügbarkeit und die Folgebereitschaft im Verhältnis von Übertragung und Gegenübertragung zu beobachten.

Die Folgebereitschaft und die Fähigkeit für hypnotische Reaktionen sind umso höher, je größer die Offenheit und Verfügbarkeit sind. Es ist unabdingbar, dass diese Verfügbarkeit und Folgebereitschaft sowohl beim Patienten als auch beim Therapeuten vorliegen. Umso größer die Fähigkeit des Therapeuten ist, den Emotionen, Bedürfnissen und dem Weltbild des Patienten zu begegnen, desto mehr wird der Patient ein offenes und verfügbares Verhalten lernen, um den therapeutischen Suggestionen folgen zu können (vgl. Erickson et al. 2016, S. 33 ff.).

6.1 Die Erzeugung einer positiven Erwartungshaltung

Insbesondere in der Vorbereitungsphase der Entwicklung einer therapeutischen Beziehung, aber auch während der gesamten Behandlung ist es Aufgabe des Therapeuten, dem Patienten zu helfen und eine optimale Einstellung zur Therapie mit Hypnose zu entwickeln, weil dies eine maximale Entfaltung der therapeutischen Wirkung ermöglicht (vgl. Erickson/Rossi 1980, S. 301 ff.). Die Schaffung einer Atmosphäre des Vertrauens und der Sicherheit gehört dabei zu den wesentlichsten Aspekten beim Aufbau einer positiven Erwartungshaltung (vgl. Braun 1986, S. 1 ff.). Einen Einfluss auf den Therapieverlauf und das -ergebnis sowie die Qualität der therapeutischen Beziehung haben neben dem Vertrauen des Therapeuten in die Wirksamkeit seiner therapeutischen Verfahren auch seine Erwartungen an die Motivation und Mitarbeit des Patienten (vgl. Petzold 1980, S. 88 f.).

Die Einstellung des Therapeuten zum Patienten stellt einen bedeutenden Einflussfaktor bei der Entwicklung einer positiven Erwartungshaltung dar. So kann ein Therapeut mit zuversichtlicher Haltung sowie einem permissiven und doch autoritativen Hypnosestil beim Patienten Zuversicht wecken (vgl. Hammond 1990, S. 11 ff.). Ist der Therapeut zuversichtlich in Bezug auf die Fähigkeit des Patienten, in eine Trance einzutreten und später die Therapieziele zu erreichen, hat dies Auswirkungen auf den Patienten (vgl. Zeig 2015, S. 174).

Es ist nach der Erfahrung von Strauss von Vorteil, wenn für den Therapeuten die Freude am Unerwarteten und die Neugier auf die zu erwartenden Ereignisse leitend ist und nicht primär die Frage, ob ein Patient hypnotisiert ist oder nicht. Vielmehr richtet sich die Konzentration des Therapeuten auf die vermeintlichen therapeutischen Implikationen, die dahinter zu vermuten sind (vgl. Strauss 2001, S. 55 ff.). Das Vertrauen in den Therapeuten und in die Effektivität seiner Verfahren sowie die Erwartungen in Bezug auf spezifische Wirkfaktoren der therapeutischen Intervention, aber auch die Anschauungen des Patienten über die eigene Motivation zur Mitarbeit stellen beim Patienten die Wirkfaktoren der Erwartungen und Einstellungen dar.

In enger Wechselwirkung stehen dabei die Erwartungen beider Therapiepartner, des Therapeuten und des Patienten, die sich gegenseitig beeinflussen (vgl. Petzold 1980, S. 88 f.). In der therapeutischen Beziehung, gibt es verschiedene Möglichkeiten, wie der Therapeut das Vertrauen und die Sicherheit beim Patienten fördern kann. Dazu zählt, dass der Therapeut emotionale Wärme zum Ausdruck bringt und den augenblicklichen Erfahrungen und Überzeugungen des Patienten mit bedingungsloser positiver Zuwendung und Empathie gegenübertritt.

Ferner wendet der Therapeut in der Therapie Kommunikationsfähigkeiten an und übermittelt dem Patienten solche Informationen über Hypnose, die falsche Vorstellungen richtigstellen und Ängste zerstreuen.

Es ist von Bedeutung, dass der Therapeut beim Patienten eine akzeptierende Haltung, eine sogenannte Ja-Haltung, hervorruft (vgl. Philips/Claire 2015, S. 56). Für die Schaffung eines kooperativen Rahmens oder einer Ja-Haltung sind das Pacing und Leading wesentliche Strategien (vgl. Gilligan 2008, S. 129). Die durch mehrere Pacing-Aussagen beim Patienten erzeugte Ja-Haltung, wird Yes-Set genannt und stellt eine Assoziationstechnik von Erickson dar (vgl. Benaguid/Schramm 2016, S. 49), bei deren Anwendung der Patient mit einer Anzahl von Möglichkeiten konfrontiert wird, die er jeweils innerlich bejahen kann (vgl. Zeig 2015, S. 191): „Ja, stimmt", „Ja, genau das sehe/höre/fühle ich".

Durch diese zustimmende Haltung entsteht beim Patienten das Gefühl, beim Therapeuten gut aufgehoben zu sein, weil dieser „nah dran ist" und weiß, was der Patient gerade fühlt/denkt/erlebt. Ist die Ja-Haltung beim Patienten einmal erzeugt, erhöht sich die Wahrscheinlichkeit, dass der Patient zu einer darauffolgenden Aussage ebenfalls innerlich Ja sagt und ihr Folge leisten wird, obwohl eine Aussage mit Leading-Charakter sich nicht mehr einzig auf das bezieht, was der Patient ohnehin aktuell in seiner inneren Repräsentation wahrnimmt (vgl. Benaguid/Schramm 2016, S. 49).

6.2 Ausbildung und Anforderungen des Hypnosetherapeuten

Um die Hypnose als zusätzliche Methode in der Psychotherapie einzusetzen, ist es erforderlich, dass der Behandler neben einer Zusatzausbildung in Hypnose und Hypnotherapie eine Fachausbildung als psychologischer Psychotherapeut oder eine psychiatrische und psychotherapeutische Facharztausbildung vorweisen kann. Dies ist notwendig, damit der Therapeut die darauf aufbauenden Fähigkeiten, Fertigkeiten und Kompetenzen[18] sicher beherrscht, die die Therapie mit Hypnose erfordert. Ausschließlich Therapeuten, die in ihrer bisherigen Ausbildung sicher in Diagnostik, Indikationsstellung und Therapie sind, haben eine angemessene Basis, auf der die Hypnose aufbauen kann (vgl.

---

[18] Die Erlangung von Kompetenzen für die psychotherapeutische Behandlung kann beim Therapeuten als fortlaufender Entwicklungsprozess betrachtet werden, der über einen Zeitraum von vielen Jahren der Wissensaneignung und einer praktischen Tätigkeit hinweg erfolgt (vgl. Weck 2013, S. 18). Im Stufenmodell zur Kompetenzentwicklung von Dreyfus, wird diese Betrachtungsweise deutlich. Fünf qualitativ unterscheidbare Stufen der Kompetenzentwicklung, werden in diesem Modell unterschieden, und zwar: die Stufe des Novizen (des Anfängers), die Stufe des fortgeschrittenen Anfängers, die Stufe des Kompetenten, die Stufe des Gewandten und die Stufe des Experten (vgl. Dreyfus 2004, S. 177 ff.).

Kossak 2013, S. 288). Im Folgenden werden einige Grundanforderungen an Psychotherapeuten genannt, die im Zusammenhang mit der Hypnose stehen:

Sicherheit: Die Anwendung und Abgrenzung von Methoden sowie das Erkennen von Wünschen und Handlungen bei sich und dem Patienten gehören zur Sicherheit des Therapeuten. Wesentlicher als die Methode der Induktion ist das Vertrauen des Therapeuten, eine bestimmte Reaktion bewirken zu können (vgl. Wolberg 1982).

Flexibilität: Mögliche oder gewollte Wechsel zwischen Hypnose und Wachzustand erfordern vom Therapeuten Flexibilität. Die Anwendung oder Modifikation bestimmter Techniken oder Suggestionen verlangt eine angemessene Reaktion des Therapeuten. Auftretende Belastungen des Patienten rasch zu erkennen und zu entscheiden, welches Vorgehen zum Schutz des Patienten methodisch angemessen ist, ist Aufgabe des Therapeuten (vgl. Kossak 2013, S. 289).

Hohe Reaktionsfähigkeit: Da Erfolg und Versagen bei der Hypnose ausgeprägte Wirkungen nach sich ziehen können, ist es erforderlich, dass der Therapeut auf Geschehnisse und Veränderungen in der Therapeut-Patient-Beziehung einfühlsam, schnell und flexibel reagiert (vgl. Lazar/Dempster 1981, S. 48 ff.).

Aktivität des Therapeuten: Sowohl der Therapeut als auch der Patient können zu der Annahme gelangen, dass die Verantwortung für die Behandlung primär beim Therapeuten liegt, da dieser in der Therapie mit Hypnose in der Regel die Aktivitäten vorgibt.

Sorgfältige Formulierungen: Die Therapie mit Hypnose verlangt vom Therapeuten sorgfältig formulierte Suggestionen und eine differenzierte Beobachtung der Reaktionen des Patienten darauf.

Selbstbeobachtung/Selbstreflexion: Die Gewilltheit und Fähigkeit zur Selbstbeobachtung eigener emotionaler, bewertender verbaler oder nonverbaler Verhaltensweisen ist für den Therapeuten hilfreich, da Reaktionen unerwartet auftreten und nicht vorhersehbare Formen oder Inhalte haben können. Außerdem verlangt die intime Situation der Hypnose vom Therapeuten eine genaue Selbstbeobachtung seiner Bedürfnisse und Wünsche sowie deren Kontrolle und einen angemessenen Umgang mit Nähe und Distanz (vgl. Adrian 1996, S. 20 ff.). Die Qualität der hypnotischen Beziehung und die erhöhte Suggestibilität verlangen vom Therapeuten weitergehende Reflexionen über seinen Einfluss auf den Patienten, als dies sonst in der Psychotherapie üblich ist (vgl. Revenstorf 2011, S. 141 ff.).

Fremdbeobachtung/in Beziehung treten: Eine ausgereifte Fähigkeit, zu beobachten und in Beziehung zu treten, wird vom Therapeuten vorausgesetzt. Der Patient lernt dadurch zu beobachten und in einen Zustand der Reaktionsbereitschaft einzutreten. Ein solcher Zustand geschärfter Aufmerksamkeit ermöglicht es ihm, auf die Nuancen der Kommunikation zu reagieren, die der Therapeuten aussendet (vgl. Erickson/Rossi 2013, S. 14). Außerdem ist es von Bedeutung, dass der Therapeut über eine tiefgehende Reflexion über die Selbstorganisation im Patienten verfügt (vgl. Revenstorf 2011, S. 141 ff.).

Zur Konstanz des Therapeuten gehören:

Toleranz: Auf schnelle Veränderungen und Wechsel in der Therapie zeigt der Therapeut eine tolerante und angemessene Reaktion; dies gilt besonders bei regressiven Reaktionen.

Akzeptanz: Zuneigungen oder Regressionen des Patienten akzeptiert der Therapeut, um darauf nicht persönlich betroffen zu reagieren.

Kompetenz: Unabhängig vom Affektverhalten des Patienten verhält der Therapeut sich kompetent.

Konsequenz: Der Therapeut verfolgt trotz Utilisation, Flexibilität und Anpassung an das Patientensystem die Struktur der indizierten Methode und der angestrebten Ziele konsequent weiter.

Klarheit im Konzept: Zielgerichtetes Handeln und Klarheit im Konzept werden vom Therapeuten gewährleistet, ungeachtet der Imagination, Fantasie, Kreativität und Metaphern vonseiten des Therapeuten oder vonseiten des Patienten. Zulässige Modifikationen und Ausnahmen sind jedoch möglich.

Personenkonstanz und Sitzhaltung: Während der Hypnose verändert der Therapeut seine Sitzhaltung kaum, da dies vor allem bei Verbrechens- und Missbrauchsopfern zur Verunsicherung der Patienten führt (vgl. Kossak 2013, S. 290).

Zu berücksichtigende synchrone Aktivitäten auf verschiedenen Ebenen:

Umschalten zwischen Theorie und praktischem Handeln: Der Therapeut setzt Konzepte zur Induktion und Indikation in individuelle und für den Patienten nachvollziehbare Methoden und Suggestionen um.

Utilisation: Die Utilisation der (verbalen, emotionalen, imaginativen, nonverbalen) Angebote des Patienten gehört, unter Berücksichtigung seiner Wert- und Bezugssysteme, zur Beobachtung des Patienten.

Hohe Konzentrations- und Imaginationsfähigkeit: Die hypnotherapeutische Arbeit setzt beim Therapeuten eine ausgeprägte Konzentrations- und Imaginationsfähigkeit voraus, verbunden mit der Fähigkeit der schnellen Synthese verschiedener Informationen auf unterschiedlichen Ebenen (vgl. Brown/Fromm 1986).

Es ist erforderlich, dass der Therapeut auf seine eigene Verfassung achtet, insbesondere wenn er ein Einsteiger in die Hypnoseverfahren ist (vgl. Kaiser Rekkas 2013b, S. 244). Um dem

Patienten in der Therapie professionell und souverän zu begegnen (vgl. Kernberg et al. 2015, S. 94) und ein angemessenes Handeln an den Tag legen zu können (vgl. Kossak 2013, S. 290), ist es unerlässlich, dass der Therapeut sich in einer psychischen und physischen Verfassung befindet, die eine relative innere Ausgeglichenheit und Stabilität aufweist und ein sicheres sowie konstantes Ruhen in sich selbst gewährleistet (vgl. Reimer 2015, S. 94). Auch die narzisstische Komponente ist zu bedenken, die der Therapeut durch seine Therapeutenrolle und speziell als Hypnosetherapeut fördert (vgl. Revenstorf/Peter 2015b, S. 127).

Auf den Narzissmus des Therapeuten und einen dadurch bedingten möglichen Machtmissbrauch am Patienten wird in Kapitel 7.3.1 und 7.3.2 näher eingegangen. Die Freude an der Arbeit und die Bestimmtheit, mit der der Therapeut die Hypnose als Methode einsetzt, begrenzt oder verwehrt, lässt den Patienten seine Kompetenz spüren und verschafft ihm ein Gefühl von Sicherheit. Jede Intervention erhält mehr Gewicht und Wertschätzung, wenn der Therapeut mit der Hypnose exklusiv umgeht und sie nur dann in der Therapie anwendet, wenn er sie als hilfreich für den Patienten erachtet (vgl. Kaiser Rekkas 2013b, S. 244).

In fachlicher Hinsicht ist es von Vorteil, wenn der Therapeut veränderungsbereit ist, wenn Zweifel an Altem (z. B. an der Ausübung für verbindlich erklärter Rituale) und scheinbar Selbstverständlichem in ihm aufkommen. Ein fortwährendes Bemühen des Therapeuten um Erkenntnis, Fortschritt und Qualitätsverbesserung ist von Bedeutung. Das, was der Therapeut von seinen Patienten verlangt, nämlich das Verlassen ihres alten Rahmens, um sich auf Neues und Unbekanntes einzulassen, verlangt er im Idealfall auch von sich selbst (vgl. Grawe 2000, S. 691 f.). Insgesamt hängt der Erfolg der Hypnose in der Therapie von den menschlichen Qualitäten und von den Fachkenntnissen des Therapeuten ab (vgl. Kaiser Rekkas 2013b, S. 50 f.).

Was den Persönlichkeitsstil von Psychotherapeuten anbelangt, so wurden in einer Pilotstudie die Persönlichkeitsprofile von 203 Anwendern von Hypnose und Hypnotherapie aus deutschsprachigen Hypnosegesellschaften analysiert. Primär handelte es sich bei den Personen um psychologische und ärztliche Psychotherapeuten sowie um Ärzte und Zahnärzte. Eine Interpretation der Ergebnisse der Studie deutet darauf hin, dass die Anwender von Hypnose und Hypnotherapie mit Patienten eine therapeutische Beziehung eingehen und aufrechterhalten, die von Wertschätzung und Vertrauen geprägt ist.

Darüber hinaus weisen die Ergebnisse der Studie darauf hin, dass die Therapeuten auf den Ressourcen der Patienten aufbauen und aktiv lenkend in Situationen eingreifen, wenn es ihnen therapeutisch notwendig erscheint (vgl. Peter et al. 2012, S. 31 ff.). In einer Untersuchung von Prade et al. zeigte sich, dass die Arbeits- und Persönlichkeitsprofile von Menschen, die sich für Hypnose interessieren, zumeist Besonderheiten aufweisen, die darauf hindeuten, dass es sich um „hypnophile" Personen handelt. Eine mögliche Bestätigung dieses Ergebnisses in zukünftigen Untersuchungen würde bedeuten, dass eine breite Generalisierbarkeit vieler Hypnoseuntersuchungen infrage zu stellen wäre (vgl. Prade et al. 2014, S. 45 ff.).

In verschiedenen Hypnose-Untersuchungen von Bochter et al., in denen unter anderem das PSSI benutzt wurde, zeigten sich konstant zwei Spitzen in den Persönlichkeitsstilen: HI (liebenswürdig-histrionisch) und RH (optimistisch-rhapsodisch) (vgl. Bochter et al. 2014, S. 154 ff.). Für den Erfolg einer Psychotherapie (mit oder ohne Hypnose) sind folgende drei therapeutische Basisvariablen ausschlaggebend:

1. Ein sensibles und präzises einfühlendes Verstehen (Empathie) des Patienten seitens des Therapeuten
Die Aktivität des Therapeuten in der psychotherapeutischen Begegnung zeichnet sich durch seine Fähigkeit aus, die Gefühle und Erlebnisse des Patienten und deren persönliche Bedeutung präzise und sensibel zu erfassen. Der Therapeut ist durch ein solches einfühlendes Verstehen in der Welt des Patienten zu Hause. Neben seinem einfühlenden Verstehen hat der Therapeut für die Welt des Patienten ein unmittelbares Gespür im Hier und Jetzt für dessen innere Welt mit ihren ganz privaten personalen Bedeutungen, so, als ob es die Welt des Therapeuten selbst sei, wobei der „Als-ob-Charakter" nicht verloren geht.

Es ist erforderlich, dass der Therapeut mehr als nur den Wortsinn der Mitteilungen des Patienten aufnimmt, um die phänomenale Welt des Patienten verstehen zu können. Er ist bemüht, „in die Haut des Patienten zu schlüpfen" und in die Welt vielschichtiger Sinngehalte einzutauchen, die der Patient ausdrückt. Ein solches Verstehen äußert sich nicht nur durch kommentierende Bemerkungen bezüglich der Gegebenheiten und Verhaltensweisen, die dem Patienten bewusst sind, sondern auch bezüglich solcher, die ihm nicht bewusst sind.

Der Patient lernt, sich selber besser zu verstehen, und kann mehr von seinem aktuellen Erleben, das in ihm leibhaftig abläuft, in seinem Bewusstsein zulassen, wenn der Therapeut sowohl den gefühlten als auch den noch nicht ins Bewusstsein getretenen Sinn von Äußerungen des Patienten versteht und ihn dem Patienten mitteilt. Für den Patienten ist es ein bestärkendes Erlebnis, wenn er sich auf tiefgreifende und umfängliche Weise akzeptiert und verstanden fühlt. Das wachsende Vertrauen, das der Patient in sein Selbstbild gewinnt, wird dadurch gefördert und geklärt.

2. Das vollständige und bedingungslose Akzeptieren des Patienten seitens des Therapeuten

Wenn der Therapeut dem Patienten als einer Person mit vielen konstruktiven Möglichkeiten tiefe und echte Zuwendung entgegenbringt und sie auch äußert, ist dies förderlich für den therapeutischen Prozess. Diese Zuwendung wird als „bedingungsfreies Akzeptieren" bezeichnet, wenn sie frei ist von Beurteilungen und Bewertungen der Gedanken, Gefühle und Verhaltensweisen des Patienten. Der Therapeut steht dabei allen Gefühlen und Erfahrungen des Patienten bejahend gegenüber (vgl. Rogers 2004, S. 23 ff.), ohne unbedingt gleicher Meinung mit dem Patienten sein zu müssen (vgl. Gilligan 2008, S. 127 ff.).

Er begegnet dem Patienten mit einer warmen, entgegenkommenden, nicht besitzergreifenden Wertschätzung ohne Einschränkungen und Urteile. Die Wahrscheinlichkeit erhöht sich, dass der Patient Vertrauen fasst, sein Selbst weiter erkundet und unrichtige Äußerungen korrigiert, sobald sich sein Vertrauen gefestigt hat, wenn der Therapeut ihm mit einer solchen Haltung begegnet. Gelingt es dem Therapeuten, den Patienten im Innersten als die Person zu akzeptieren, die dieser oftmals ist, nämlich eine verletzliche, defensive und innerlich zerrissene Person, die aber Wachstumsmöglichkeiten in sich trägt, ist er zu einer solchen emotionalen Zuwendung imstande.

3. Die Echtheit oder Kongruenz des Therapeuten

Die Echtheit oder Kongruenz des Therapeuten kann als die grundlegendste unter den Einstellungen des Therapeuten angesehen werden, die den positiven Verlauf einer Therapie fördert. Wenn der Therapeut in der Beziehung zu seinem Patienten er selbst ist, ohne sich hinter einer professionellen Fassade oder Maske zu verbergen, dann ist eine Therapie nach der Auffassung von Rogers mit großer Wahrscheinlichkeit erfolgreich. Wird der Therapeut sich seiner selbst gewahr und sind ihm seine Gefühle und Erfahrungen auf die Art zugänglich, dass er sie in die Beziehung zum Patienten einbringen bzw. mitteilen kann, wenn es angemessen ist, wird dies als Kongruenz bezeichnet. Der Therapeut lebt offen die Gefühle und Einstellungen, die er hat, und ist auf diese Weise in der Beziehung transparent für den Patienten. Es handelt sich in diesem Fall um eine direkte, personale Begegnung mit dem Patienten (vgl. Rogers 2004, S. 23 ff.).

6.3 Der therapeutische Prozess

Sind die oben erläuterten Bedingungen für die Therapie erfüllt, wird ein therapeutischer Wandlungsprozess in Gang gesetzt. Dieser lässt sich im weitesten Sinn als eine Antwort verstehen, die die Einstellung des Therapeuten im Patienten hervorruft. Der Patient lernt allmählich, dem zuzuhören, was in seinem Inneren vorgeht, er lernt, wütende, ängstliche oder liebevolle Empfindungen wahrzunehmen, wenn er feststellt, dass ihm jemand (der Therapeut) zuhört und ihn ständig akzeptiert, wie er seine Gedanken und Gefühle äußert. Nach und nach entwickelt der Patient die Fähigkeit, auf Empfindungen in seinem Innern zu lauschen, die ihm früher seltsam, erschreckend oder bedrohlich erschienen und die er aus diesem Grund aus seinem Bewusstsein verbannt hat.

Er stellt fest, dass sich an der akzeptierenden Haltung des Therapeuten ihm gegenüber nichts ändert, wenn er die verborgenen und „schrecklichen" Aspekte seines Selbst offenlegt. Indem er langsam damit beginnt, sich selbst so zu akzeptieren, wie er ist und wie der Therapeut ihn akzeptiert, schafft er die Voraussetzungen für seine Weiterentwicklung. Der Patient gelangt zu größerer Kongruenz und kann sich offener äußern, wenn er imstande ist, sich selbst besser wahrzunehmen. Letztlich gewinnt er die Freiheit, sich in die Richtungen hin zu verändern und zu entwickeln, die der reifende menschliche Organismus natürlicherweise einschlägt (vgl. Rogers 2004, S. 32 f.).

Setzt der Therapeut die Hypnose in der Therapie ein, ist zu bedenken, dass jeder Patient die Trance auf verschiedene Weise erlebt. Aufgabe des Therapeuten ist es, diese individuellen Reaktionsweisen zu erkennen und den jeweiligen Patienten darauf hinzuweisen, wenn ihm dies als nötig erscheint, um ihm zu helfen, seinen veränderten Trancezustand zu verifizieren bzw. zu bekräftigen, da das Bewusstsein nicht immer seine eigenen veränderten Zustände erkennt (vgl. Erickson/Rossi 2013, S. 24).

Für den gesamten Prozess ist ein akkurates Assessment individueller Unterschiede bedeutsam. Bei einigen Patienten wirken indirekte Suggestionen, und andere Patienten sprechen mehr auf direkte Suggestionen an. Manche Patienten reagieren auf verbale Direktiven, andere auf nonverbale Hinweise. Es ist Aufgabe des Therapeuten, die Fähigkeit des Patienten, auf minimale Hinweise zu reagieren, nach besten Kräften zu fördern. Es geht jedoch nicht nur um die Verbesserung der Fähigkeit des Patienten, auf Gesprochenes zu reagieren, sondern auch darum, seine Reaktionen auf Besonderheiten des sprachlichen Ausdrucks, wie Sprachmelodie, Tonhöhe, Betonung und Ähnliches, zu verbessern (vgl. Zeig 2015, S. 119).

Der Auftrag des Therapeuten beinhaltet das Ziel, durch (hypnotische) Interventionen innere Suchprozesse im Patienten anzuleiten, damit dieser seine eigenen Ressourcen finden kann. Es geht nicht um eine Neuprägung, Beeinflussung oder Manipulation des Patienten. Der Therapeut suggeriert nicht, er ruft hervor (vgl. Kaiser Rekkas 2013b, S. 26).

6.4 Übertragung und Gegenübertragung

Die spezifischen Begriffe Übertragung und Gegenübertragung sind auf die von der Psychoanalyse ausgehenden Therapieschulen zurückzuführen. Jedoch sind die psychischen Phänomene und Vorgänge, die ihnen zugrunde liegen, auch für andere Psychotherapieverfahren und grundsätzlich für die psychische Verfassung jedes Menschen sowie für die Qualität von Kommunikation, Interaktion und Beziehungen von Bedeutung. Es ist wichtig, dass der Psychotherapeut vom Einfluss übertragungsbedingter Aspekte Kenntnis hat, um diese im Rahmen seiner jeweiligen Technik berücksichtigen zu können. Der Begriff der Übertragung wurde von Freud eingeführt und meint die Wiederholung früherer, vergessener und jetzt unbewusster zwischenmenschlicher Erfahrungen der psychosexuellen Entwicklung in der Gegenwart.

Die Technik der Aktivierung von Übertragung, Gegenübertragung und Widerstand, die durch Ziellosigkeit verursacht wird sowie das Setting, bilden die Basis für ein wesentliches Prinzip der psychoanalytischen Therapie. Es sind verinnerlichte, erlebte oder fantasierte Erfahrungen der psychosexuellen Entwicklung in der Kindheit, auf denen die Übertragung beruht. Eine gravierende Störung der Wahrnehmung, des Fühlens und des Denkens kann durch Übertragungen bewirkt werden. Übertragungen ereignen sich in der Fantasie. Sie können indirekt und unbewusst in scheinbar beiläufigen Details des Verhaltens zum Ausdruck kommen. Aktuelle Interaktions- und Kommunikationsvorgänge verwechselt der Patient mit Erinnerungen und Fantasien an frühere Beziehungserfahrungen, wenn er etwas aus der Vergangenheit unbewusst auf den Psychoanalytiker überträgt.

Nach Annahme der meisten Psychoanalytiker, ist die Übertragung ein weit verbreitetes intrapsychisches Phänomen, das in jeder Situation (vgl. Hunscha-Rieber 2004, S. 203 ff.), in allen menschlichen Beziehungen und zu jeder Zeit auftreten kann (vgl. Thomä/Kächele 2006, S. 61 f.). Regressive Übertragungsprozesse werden durch das Setting und die Technik der psychoanalytischen Therapie gezielt gefördert, um Zugang zu latenten psychischen Konflikten zu schaffen und tiefgehende psychische Umstrukturierungen in Gang zu setzen. Ob alles Psychische des Patienten in der psychoanalytischen Situation durch Übertragung verursacht ist oder ob neben übertragungsbedingten auch übertragungsfreie, realitätsbezogene psychische zwischenmenschliche Bereiche davon abzugrenzen sind, ist bis heute ungeklärt (vgl. Hunscha-Rieber 2004, S. 203 ff.).

Die sublimierte positive Übertragung ist im Allgemeinen die bedeutendste Triebfeder der Arbeit, die der Patient mit der Überwindung der Widerstände leistet. Es ist erforderlich, dass eine negative oder sexuelle Übertragung analysiert und aufgelöst wird, da sie sich zum Widerstand entwickelt und somit zur Gefahr für die Behandlung. Zugleich ist sie das wesentlichste therapeutische Hilfsmittel. Der Patient kann verdrängte Kindheitserlebnisse am besten erinnern, indem er die Neurose der Kinderzeit in der Übertragung aufs Neue erlebt (vgl. Racker 2002, S. 86). Die Übertragungsdeutung, womit das gemeinsame Untersuchen und Verstehen der Interaktion zwischen Patient und Therapeut gemeint ist, kann dabei behilflich sein, die unbewussten und hinter der Interaktion liegenden Motive besser zu verstehen.

Ein Patient steht seinem Therapeuten aus psychodynamischer Sicht oft so nahe, wie der Patient in der Kindheit seinen Eltern oder anderen wichtigen Bezugspersonen. Dadurch bedingt stellen sich beim Patienten in der therapeutischen Beziehung Vorstellungen, Wünsche, Gefühle und Erwartungen ein, die vor dem Hintergrund prägender Primärbeziehungen, auch außerhalb der Therapie, im Leben des Patienten eine Rolle spielen. Beeinflusst werden das Ausmaß und die Intensität der Übertragung unter anderem durch das Therapie-Setting. Je mehr sich der Therapeut persönlich zurückhält und je höher die Frequenz der Sitzungen ist, desto stärker fällt die Übertragung in ihrer Entwicklung aus.

Die Übertragung entwickelt sich in einer therapeutischen Beziehung automatisch und ist als ein natürlicher Bestandteil dieser Beziehung anzusehen. Insofern ist sie eine Voraussetzung für den Deutungsprozess. Unbewusste Motive, die im Zusammenhang mit dysfunktionalen Beziehungsmustern oder Symptombildung stehen, können im Ergründen der Übertragung besser verstanden werden. Im Deutungsprozess können diese im Idealfall im Sinne einer Problemaktualisierung geklärt und aufgelöst werden. In psychodynamischen Therapien thematisiert der Therapeut Übertragungen nur dann explizit, wenn ihre Erscheinung negativ oder verzerrend ist.

Mit der klassischen Übertragungsdeutung sorgt der Therapeut für die Herstellung eines emotional erlebbaren Bezugs zwischen einer aktuellen Konfliktsituation des Patienten, einer biografisch früheren Konfliktkonstellation und Bestandteilen der aktuellen Übertragungssituation in der Therapie. In dieser Konstellation werden alle drei Elemente für den Patienten in eine direkt erlebbare Beziehung gesetzt (vgl. Schauenburg 2016, S. 10 f.). Den dritten Kommunikationskanal zwischen Therapeut und Patient stellt neben den verbalen Äußerungen des Patienten sowie seinem Verhalten auf nonverbaler Ebene die Gegenübertragung dar. In der Psychoanalyse werden unter dem Begriff „Gegenübertragung" alle emotionalen Reaktionen des Therapeuten auf den Patienten zu jedem beliebigen Zeitpunkt verstanden.

Die Gegenübertragung wird von folgenden Faktoren bestimmt: der Übertragung des Patienten; den Lebensumständen des Patienten; der eigenen Übertragungsdisposition des Therapeuten, die seiner inneren Welt entspringt; und von den Lebensumständen des Therapeuten. Es ist erforderlich, dass der Therapeut den Ursprung seines eigenen inneren Erlebens in Bezug auf den Patienten herausarbeitet, da die Gegenübertragung von allen vier genannten Faktoren beeinflusst wird. Die Übertragung wirkt sich umso intensiver auf die Gegenübertragungsreaktionen des Therapeuten aus, je kränker ein Patient ist (vgl. Clarkin et al. 2008, S. 62 ff.).

Nach der Beschreibung des Psychoanalytikers Heinrich Racker lässt sich die Gegenübertragung des Therapeuten entweder als konkordant oder als komplementär klassifizieren (vgl. Racker 2002, S. 71). Identifiziert sich der Therapeut affektiv mit dem aktuellen subjektiven Erleben des Patienten, wird von *konkordanter* Gegenübertragung gesprochen. Der Therapeut identifiziert sich dabei mit dem Bestandteil der Psyche des Patienten, den dieser als Selbst wahrnimmt. Das heißt, dass das innere Erleben des Therapeuten der Selbstrepräsentanz des Patienten gleichkommt, über die sich Patient bewusst ist. Bei der *komplementären* Gegenübertragung identifiziert sich der Therapeut mit den Anteilen, die der Patient zu einem gewissen Zeitpunkt auf den Therapeuten überträgt. Er identifiziert sich mit der Objektrepräsentanz, die der aktuellen Selbstrepräsentanz des Patienten entspricht.

Die komplementäre Gegenübertragung kann zu einem genaueren Verständnis der dissoziierten inneren Objekte und damit der gegenwärtig wirksamen Dyade führen. Es stehen sich eine Identifizierung mit der Selbstrepräsentanz des Patienten und eine entsprechende Identifizierung mit der Objektrepräsentanz des Therapeuten gegenüber. Je nachdem, welche spezifische Objektbeziehungsdyade gerade im Patienten aktiviert ist, kann die Gegenübertragung des Therapeuten jederzeit zwischen konkordant und komplementär wechseln. Entsprechend dem Dyadenwechsel im Erleben des Patienten kann sich die Gegenübertragung darüber hinaus von einem Moment auf den anderen ändern. In der Therapie spielt das Wissen des Therapeuten um seine Gegenübertragung und deren Beziehung zur inneren Objektwelt des Patienten eine bedeutsame Rolle (vgl. Clarkin et al. 2008, S. 62 ff.).

Der Therapeut reflektiert hinsichtlich der Handhabung der Gegenübertragung, welche seiner eigenen Gefühle, Fantasien und Handlungsabsichten durch den Patienten und sein Übertragungsangebot bei ihm ausgelöst wurden (vgl. Rudolf 2014, S. 213). Die Gegenübertragung kann sich somit zum einen in bestimmten Gedanken, Fantasien, Bildern, Emotionen oder Impulsen äußern, die vom Therapeuten bewusst erlebt werden. Zum anderen kann sie in der Gestalt von körperlichen Symptomen oder konkreten Handlungen, die dem Bewusstsein nicht zugänglich sind, in Erscheinung treten. Die Gegenübertragung zeigt sich in manchen Fällen in unterschiedlichen Abstufungen des Bewusstseinsgrades (vgl. Wöller/Kruse 2011, S. 195).

Zum Umgang des Therapeuten mit seiner Reflexion der Gegenübertragung zählt die Fähigkeit, das Gehörte und Erlebte im Sinne des Containments aufzunehmen und zu verarbeiten, um es bei geeigneter Gelegenheit dem Patienten wieder zur Verfügung stellen zu können. Einige Gegenübertragungsaspekte, welche die Übertragungsbereitschaft des Patienten verdeutlichen, können als Grundlage von deutenden Interventionen genutzt werden. In einigen Fällen stellt der Therapeut im Sinne einer „antwortenden" Mitteilung dem Patienten etwas von seinem Gegenübertragungserleben zur Verfügung (vgl. Rudolf 2014, S. 213).

Das Bemühen des Therapeuten geht jedoch vorwiegend dahin, seine (insbesondere negative) Gegenübertragung nicht zulasten des Patienten auszuagieren (vgl. Wöller 2013, S. 446). Unter speziellen Bedingungen lösen hypnotische Induktionen in der Therapie eine starke Übertragung aus (vgl. Revenstorf/Durian 2015, S. 61). Freud interpretierte eine solch starke Übertragungsreaktion in der hypnotischen Trance als erotisch und nahm an, dass Verliebtheit eine Art Hypnose sei. Umgekehrt habe die hypnotische Beziehung eine Neigung zu erotischen Anklängen (vgl. Revenstorf 2015b, S. 854).

Der amerikanische Psychologe und Psychoanalytiker Michael J. Diamond bezeichnete die Übertragungssituation als „archaic involvement", das zwei Bestandteile enthält: die symbiotische Neigung zur Verschmelzung und die Überbewertung der Fähigkeiten des Therapeuten (vgl. Diamond 1988, S. 141 ff.). Der ungarische Neurologe und Psychoanalytiker Sándor Ferenczi entwickelte 1909 eine Theorie der Hypnose auf der Grundlage der psychoanalytischen Libido-Theorie (vgl. Fromm/Nash 1997, S. 19 f.), in der er die Hypnose als Reaktivierung des Ödipuskomplexes beschrieb und damit als Regression, die das verborgene Kind in jedem Erwachsenen erwachen lasse. Er unterschied zwischen mütterlicher und väterlicher Hypnose (permissiv vs. autoritär) (vgl. Ferenczi 1910).

Die hypnotische Übertragung erhält demnach mütterlich-fürsorgliche und väterlich-direktive Projektionen. Ein Trancezustand kann auch ohne einen Hypnosetherapeuten durch sensorische Deprivation verursacht werden. Dieser Zustand, der mit primärprozesshaftem Denken einhergeht, befördert in einem solchen Fall eine Regression und in der Folge Projektionen und Übertragungsreaktionen. Für die verschiedenen Formen der Übertragung, die in der Hypnose aufgrund der schnellen Regression auftreten, herrscht beim Therapeuten ein Bewusstsein. Bei der Arbeit mit Hypnose weisen sie dem Therapeuten typische, aber durchaus unterschiedliche Rollen zu.

Der Therapeut kann vom Patienten auf seinem inneren Schauplatz als Autoritätsfigur, als liebender Elternteil, als Wesen mit magischen Kräften oder als Über-Ich-artige, moralische Person erlebt werden. Mittels direkter Suggestionen kann der Therapeut Einstellungs- und Verhaltensänderungen fördern, die dem Patienten helfen, missglückte Beziehungserlebnisse aus der Vergangenheit zu verstehen und anders zu deuten. Er trägt dazu bei, Beziehungsschemata durch die Kontrolle seiner Gegenübertragungsimpulse zu korrigieren, indem er nicht die Reaktion zeigt, die der Patient erwartet. Die Korrektur findet statt, wenn der Patient die Trance nicht als Hilflosigkeit und Ausgeliefertsein erlebt, sondern als einen Zustand, den er selbst kontrollieren kann. Der Therapeut korrigiert darüber hinaus fehlerhafte Indoktrinationen, wie ambivalente oder fehlende Werte, die die Eltern dem Patienten nicht angemessen vermittelt haben (z. B. die Unterscheidung zwischen Missbrauch und Liebe).

Die oben genannten Gründe treffen in verstärktem Maße auf die hypnotische Beziehung zu, auch wenn sie in normalen therapeutischen Beziehungen vorkommen. In der Therapie kann die rasch hergestellte Nähe mit einer erotischen Regung verwechselt werden. Darüber hinaus kann es zu einem Auftreten negativer Übertragungen kommen (vgl. Revenstorf/Durian 2015, S. 61 f.) „[...] in Form von Angst, masochistischer Unterwerfung oder passiv-aggressivem Widerstand (z. B., dass der Patient sich weigert, in Trance zu gehen oder aus der Trance herauszukommen) [...]" (Revenstorf/Durian 2015, S. 61 f.) Dies gilt es für den Therapeuten zu bedenken (vgl. Revenstorf/Durian 2015, S. 61 f.).

Im nachfolgenden Kapitel werden die Ziele, Vorteile und Kontraindikationen sowie die Gefahren und Grenzen der Hypnose aufgezeigt.

7. Ziele, Vorteile, Kontraindikationen, Gefahren und Grenzen der Hypnose

7.1 Ziele der Hypnose

Aktivierung der Vorstellung: Visuelle, akustische und somatosensorische Vorstellungen lösen ideomotorische, ideosensorische und ideoaffektive Prozesse aus. Diese entsprechen externen Simulationen und können solche in der Therapiesituation ersetzen (vgl. Revenstorf 2009, S. 531 ff.). Visualisiert der Patient Heilungsvorgänge, kommt es zu einer Symbolisierung und Umstrukturierung seiner Sichtweisen.

Erhöhung der Suggestibilität: Wird eine Suggestibilitätserhöhung in der Arbeit mit Hypnose erreicht, können dem Patienten Verhaltensänderungen, Einstellungsänderungen und Heilungsprozesse suggeriert werden (vgl. Revenstorf 2015a, S. 27).

„Veränderung physiologischer Prozesse: Durch Suggestionen oder den Trancezustand bzw. die aktivierte Vorstellung können der Muskeltonus, Kreislauffunktionen, die periphere Durchblutung und andere Funktionen des autonomen Nervensystems wie auch evtl. solche des Immunsystems und des endokrinen Systems verändert werden." (Revenstorf 2009, S. 531 ff.) Dies hat zur Folge, dass sich das innere Milieu des Patienten durch Stressreduktion, Entspannung und Regeneration harmonisiert.

Veränderung der Sensorik und des Zeitempfindens: In ihrer Qualität und Dauer, kann der Patient Schmerzen subjektiv anders wahrnehmen. Sie können für ihn affektiv eine andere Bedeutung gewinnen (vgl. Revenstorf 2009, S. 531 ff.). Auch eine Hypnoanalgesie ist möglich (OP in Hypnose, ohne Narkose). In Hypnose kommt es außerdem zu einer subjektiven Zeitverzerrung (vgl. Revenstorf 2015a, S. 27).

Unterbrechung gewohnter Schemata: An heiklen Stellen werden (vgl. Revenstorf 2009, S. 531 ff.) „[...] Denk-, Wahrnehmungs- und motorische Gewohnheiten (z. B. der Griff zur Zigarettenschachtel)" (Revenstorf 2009, S. 531 ff.) des Patienten unterbrochen.

Dissoziation und Assoziation: Hinderliche Erfahrungsdetails können abgeschwächt (z. B. die Lautstärke einer Stimme) und fehlende Erfahrungen hinzufantasiert werden (z. B. Worte oder Gedanken einer dritten Person).

Anregung von Suchprozessen/Unwillkürlichkeit: In Trance wird das kreative Denken des Patienten, das andersartige Lösungen anstrebt und über gewohnten Denk-, Wahrnehmungs- und Affektrahmen hinausgeht, erleichtert (vgl. Revenstorf 2009, S. 531 ff.). Des Weiteren kann es beim Patienten zu einem körperlichen Ausdruck intuitiver Entscheidungen kommen (vgl. Revenstorf 2015a, S. 27).

Nutzbarmachung von Ressourcen: In Hypnose können vergessene Erlebnisse und ausgeklammerte Lernerfahrungen, die für die Bewältigung einer bestimmten Problemsituation nützlich waren, dem Patienten wieder zugänglich werden (vgl. Revenstorf 2009, S. 531 ff.). Dazu zählt die Bewusstmachung von archetypischen Bildern (vgl. Revenstorf 2015a, S. 27). Der Patient kann durch diesen Kontakt und Zugang zu seinen eigenen (intrapersonalen) Ressourcen sein unbewusstes, unwillkürliches und autonomes Wissen mobilisieren und nutzen (vgl. Benaguid/Schramm 2016, S. 15), das ihm in seinem Alltagsdenken sonst nicht zur Verfügung steht (vgl. Revenstorf 2015a, S. 25). Auf diese Art kann sich der Patient von seinem Problemfokus dissoziieren und eine Lösungstrance entwickeln (vgl. Benaguid/Schramm 2016, S. 35). Die Vorstellung einer in der Zukunft eintretenden Heilung oder Problemlösung wird auch als Lösungsimagination bezeichnet. Der Patient visualisiert dabei im Sinne der Bahnung sein Befinden und Verhalten nachdem er sein therapeutisches Ziel erreicht hat (Revenstorf 2012, S. 139).

Umdeutung: Es kann zu einer Umfunktionierung der subjektiven Bedeutung einer Erfahrung kommen, die für den Patienten sinnvoll wird (z. B. Abwertung der eigenen Person durch andere Menschen als Aufmerksamkeit, Versagen als Hinweis auf eine Neuorientierung) (vgl. Revenstorf 2009, S. 531 ff.).

Regression: In Hypnose können signifikante Episoden im Leben des Patienten aufgesucht werden, die eine Rekonstruktion von Traumata ermöglichen. Für den Patienten können neue und als real wahrgenommene Erfahrungen entstehen, z. B. eine Nachbeelterung durch den Therapeuten (vgl. Revenstorf 2015a, S. 27).

7.2 Vorteile der Hypnose

Der Zugang zu Erinnerungen, Bedürfnissen, Gefühlen, Wahrnehmungen und einigen Ressourcen kann durch Hypnose erleichtert werden. Des Weiteren kann die Beziehung und Kommunikation zwischen Therapeut und Patient durch die Hypnose intensiviert werden, was nicht nur zu einer besseren Übertragung und Gegenübertragung, sondern auch zu wesentlichen diagnostischen Informationen führen kann (vgl. Kossak 2013, S. 192). Einigen Patienten kann es in einem Hypnose-Kontext leichter fallen, solche Gefühle und Ängste auszudrücken, die sie in einer Psychotherapie, in der Hypnose nicht zum Einsatz kommt, nicht so leicht erkennen oder zulassen würden (vgl. Kirsch et al. 2001, S. 3 ff.). Weitere Vorteile der Hypnose werden im Folgenden genannt:

Effektivitätssteigerung: Die Effektivität einer Therapie wird in manchen Fällen durch die Hypnose erhöht, wenn sie mit einer bekannten Grundtherapie (z. B. Verhaltenstherapie) kombiniert wird (vgl. Kapitel 2.5.3).

Unterstützung von Diagnostik und Kommunikation

Ergänzung des verbalen Berichts: Mit Hypnose können einige Patienten leichter Zugang zu Erinnerungen, Konditionierungen, Traumatisierungen oder Fehlbewertungen finden (z. B. über Altersregression).

Erkennen und verändern von Auslösereizen: In Hypnose können Patienten zur Diagnose komplexe Imaginationsszenen erleben, bis die relevanten (externen/internen) Auslösereize des Problemverhaltens (z. B. Gedanken, Handlungen) gefunden sind. Zudem können therapeutisch notwendige Reizveränderungen, die in der Realität teilweise kaum herstellbar oder zu angstbesetzt sind, in Hypnose den Erfordernissen leichter angepasst werden (z. B. die Atemreize bei Asthmaanfällen).

Besseres Erkennen von Gefühlen: Über die Imagination bedeutsamer Situationen in Hypnose kann es manchen Patienten besser gelingen, ihre Gefühle in bestimmten Situationen wahrzunehmen oder sie in dem relevanten Kontext zuzulassen. Erlebte Begleiterscheinungen, wie Gedanken, physiologische und motorische Veränderungen, dienen zur Diagnostik, Selbstbeobachtung und später zur Selbstkontrolle.

Arbeiten mit Problempatienten und Problemsituationen

Hypnose kann durch ihre speziellen Methoden (z. B. Altersregression, Zeitveränderungen) bei Patienten mit Ängsten, Widerständen, Verfolgungsideen oder geringer Selbstreflexion zu einer Vergrößerung der therapeutischen Möglichkeiten beitragen.

Widerstände: Die aversive Problemsituation kann in Hypnose unabhängig von speziellen Methoden zur Verringerung von Widerständen (z. B. Utilisation) so verfremdet, reduziert oder distanziert ausgestaltet werden, dass eine Annäherung, ein Zulassen oder Kooperieren ermöglicht wird.

Arbeit mit schwer zugänglichen Gedanken: Der Zugang zu abstrakten oder verbal schwer beschreibbaren Kognitionen kann mit Hypnose z. B. über Imaginationen möglich sein, so z. B. zu Angstträumen (vgl. Kossak 2013, S. 193 f.).

Erleichternde Faktoren in der Therapie

Entwicklung von Perspektiven und Handlungsplänen: Imaginationen von Szenen, alternativen Szenen, von zukünftigen Handlungsalternativen und Projektionen, die durch Hypnose hervorgerufen werden können, lassen den Patienten seine Möglichkeiten, Gefühle und Grenzen erleben (vgl. Kossak 2013, S. 193 f.).

Ökonomie: Behandlungen sind erwiesenermaßen zeitlich kürzer und effektiver, wenn sie als Kombination von Hypnose und Verhaltenstherapie durchgeführt werden (vgl. Kirsch et al. 1995, S. 214 ff.).

Durch Hypnose können Trainings für Entspannungsverfahren häufig entfallen und langwierige Übungen mit Realpersonen (z. B. im Rollenspiel) sowie Beobachtungszeiträume komprimiert werden. Darüber hinaus sind in Hypnose rasche Wechsel zu unterschiedlichen Erlebensräumen oder Szenen sowie zeitnahe therapierelevante Einstellungsänderungen möglich.

Nachahmung der Realität durch Erlebensrealität: In Hypnose können für zahlreiche Interventionen imaginativ Situationen realitätsnah und variabel gestaltet und den Erfordernissen der Therapie angepasst werden. Ohne Hypnose ließen sich solche Situationen kaum herstellen (z. B. ein realer Flug bei Flugangst zur Angstbewältigung) (vgl. Kossak 2013, S. 194). Der Patient kann seine Problemsituation durch das vielschichtige Ansprechen der relevanten Ebenen (Emotion, Bewertung, Bedeutungsgebung, Semantik, Physiologie) komplex und differenziert erleben (vgl. Peter 2015b, S. 37 ff.).

Durch Hypnose sind Perspektivänderungen, Wiederholungen, Verfremdungen und Stimulusveränderungen von Situationen, Personen, Tieren und Objekten möglich (vgl. Kossak 2013, S. 194). Bei einer Reizsubstituierung, die in der Verhaltenstherapie unter Hypnose vorgenommen werden kann, nimmt z. B. ein Patient mit einer Phobie vor dem Muhen der Kühe mithilfe einer Suggestion, die er vom Therapeuten erhält, zukünftig vorwiegend einen angstfreien optischen Reiz an den Kühen wahr, statt des angstbesetzten akustischen Reizes (vgl. Kossak 2013, S. 395).

Intensivierung von Lernvorgängen und Umstrukturierungen: In der Hypnosesitzung und durch posthypnotische Suggestionen außerhalb der Sitzung lassen sich differenzierte und kontingente Verstärkungen vornehmen. Diese erfolgen in der Regel rasch und sind meist nachhaltig wirksam (vgl. Kossak 2013, S. 194).

Rascher Gewinn an Autonomie und Kontrolle:

Patienten, die beeinträchtigenden Problemen (z. B. Ängste, Zwänge, Schmerzen) ausgesetzt sind und sich von ihnen wie von außen gesteuert fühlen, erfahren in Hypnose einen äußeren Ort der Kontrolle (fremdbestimmt). Sie erleben sich wieder als inneren Ort der Kontrolle über ihr Verhalten (selbstbestimmt), wenn brauchbare Hypnoseinterventionen zum Einsatz kommen (vgl. Rotter 1966, S. 1 ff.). In diesen Fällen ist der Wechsel zwischen hypnotischen und verhaltenstherapeutischen Methoden fließend (vgl. Kossak 2013, S. 194).

7.3 Kontraindikationen und Gefahren der Hypnose

7.3.1 Aufseiten des Patienten

Kontraindikationen

Für eine Therapie mit Hypnose gibt es neben Indikationen auch Kontraindikationen. Bei diesen wird zwischen transitorischen Ausschlussgründen und Kontraindikationen, die ständig vorhanden sind, unterschieden. Auch kann zwischen relativen und absoluten Kontraindikationen unterschieden werden. Bei einem akuten oder latenten psychotischen Prozess (bzw. endogenen oder exogenen Psychosen) oder wenn eine pathologische Regression zu befürchten ist, besteht eine akute transitorische Kontraindikation (vgl. Stephan 2003, S. 93). Die Hypnose wird nicht angewendet, wenn der Patient sich in einem ich-schwachen Zustand befindet, wenn er an einer akuten Traumatisierung wie Verlust durch Tod leidet oder wenn zu befürchten ist, dass er sich psychotisch dekompensieren könnte (vgl. Revenstorf/Peter 2015b, S. 127).

In der Akutphase einer Schizophrenie ist die Hypnose kontraindiziert (vgl. Rauscher 2016, S. 130). Die Schizophrenie ist nur in manchen Fällen mit Hypnose behandelbar, dies bedarf seitens des Therapeuten der Vorsicht und der Erfahrung in der Behandlung (vgl. Kossak 2004, S. 202). Die Borderline-Persönlichkeitsstörung mit mehrmaligen bekannten psychotischen Dekompensationen (vgl. Stephan 2003, S. 93) und die histrionische sowie paranoide Persönlichkeitsstörung stellen ebenfalls Kontraindikationen dar (vgl. Revenstorf/Peter 2015b, S. 131). Bei der Anwendung von Hypnose bei schweren Depressionen ist das Erreichen einer affektiven Schwingungsfähigkeit beim Patienten häufig nicht möglich. In einem solchen Fall ist die Hypnose nicht angebracht, da das Scheitern einer Hypnosebehandlung eine zusätzliche Belastung für den Patienten darstellen kann. Hingegen können leichtere bis mittelgradige depressive Erkrankungen mit Hypnose behandelt werden (vgl. Stephan 2003, S. 93).

Hypnose ist auch dann kontraindiziert, wenn Patienten mit unrealistischen Überzeugungen in Bezug auf Hypnose in die Therapie kommen. Dazu zählt die Meinung des Patienten, dass seine Probleme ohne sein eigenes Zutun in Hypnose „wie im Schlaf" gelöst werden könnten. Der Patient hat in diesem Fall eine passiv-rezeptive Grundhaltung (vgl. Peter 2015a, S. 107). Hypnose kommt nicht zum Einsatz, wenn sie als Mittel zur Wahrheitsfindung missverstanden wird, als Ersatz für notwendige medizinische Behandlungen dienen soll oder wenn sie trotz Vorliegens eines offensichtlichen sekundären Krankheitsgewinns ausschließlich eine symptomorientierte Behandlung darstellt (vgl. Revenstorf/Peter 2015b, S. 131 f.).

Liegen Anzeichen für akute Suizidtendenzen, Beeinträchtigungen durch Alkohol- oder anderweitigen Drogenkonsum sowie andere Befindlichkeiten, die mit Abhängigkeit und emotionaler Labilität verbunden sind, vor, ist ebenfalls Vorsicht geboten (vgl. Crasilneck/Hall 1985). Eine Kontraindikation liegt ebenso vor, wenn Patienten massive Angst vor einem Kontrollverlust (vgl. Zaudig et al. 2007, S. 787) oder eine Abneigung bzw. einen Widerwillen gegen eine Hypnosebehandlung haben. Bei Patienten mit diffusen Angstsyndromen erfolgt zunächst eine medikamentöse Behandlung. Eine Hypnosebehandlung ist bei stark erregten Personen ohne gleichzeitige medikamentöse Vorbereitung unzweckmäßig (vgl. Stocksmeier 1984, S. 125 ff.).

Gefahren

Die hypnotische Behandlung kann bei unsachgemäßer Handhabung der Hypnose (vorwiegend bei der Show- und Bühnenhypnose) gelegentlich schädliche Effekte verursachen. Diese kommen jedoch nicht häufiger vor als bei anderen Therapiemethoden oder Entspannungsverfahren. Zu diesen Nebenwirkungen und Gefahren gehören:

- unspezifische Nebenwirkungen wie Kopfschmerz, Verwirrung, Benommenheit, Schwindelgefühle, Verstimmung, Übelkeit, schwere Träume (vgl. Revenstorf 2017, S. 24)
- Dekompensation wie Auslösung von larvierter Depression, Manie, Psychose. Was psychotische Patienten angeht, so sind diese entweder nicht hypnotisierbar oder die psychotische Symptomatik wird durch die Hypnose verstärkt. Durch eine Hypnosebehandlung kann eine beginnende schizophrene Psychose zwar nicht erzeugt, aber manifest werden. Der Patient bezieht das hypnotische Geschehen oder den Therapeuten oft in seinen Wahn ein, wenn paranoide Formen einer Schizophrenie hypnotisch behandelt werden (vgl. Stocksmeier 1984, S. 125 ff.)
- Retraumatisierung durch belastende Erinnerungen, die durch die Trance reaktiviert werden
- körperliche Verletzungen durch Unachtsamkeit, z. B. Wirbelsäulenschäden bei der Planke (induzierte Ganzkörperkatalepsie)
- seelische Verletzungen durch Beschämung oder Erniedrigung in der Showhypnose
- Anstiftung zur Selbstschädigung (finanzielle Ausbeutung, Selbstmord) (vgl. Revenstorf/Peter 2015b, S. 132)
- sexuelle Übergriffe während der Trance durch den Therapeuten (vgl. Arthur 2013, S. 246)

Die Folgeschäden beim Patienten durch einen sexuellen Missbrauch in der Psychotherapie sind derart gravierend, dass sie beim Patienten zu schwerwiegenden psychopathologischen Symptomen führen und ihn in seiner kompletten Lebensführung beeinträchtigen können (vgl. Noyon 2011, S. 171). Aus diesem Grund wird an dieser Stelle näher darauf eingegangen. Sexualität zwischen Therapeut und Patient stellt in der Psychotherapie einen gravierenden juristischen Behandlungsfehler dar (vgl. Hutterer-Kirsch 2007, S. 220).

Von einem Behandlungsfehler oder auch Kunstfehler kann unter anderem dann gesprochen werden, wenn Konflikte zwischen berufsethischen Richtlinien und außermoralischen Selbstinteressen des Therapeuten bestehen und der Therapeut nach diesen Selbstinteressen handelt (vgl. Riedler-Singer 2005, S. 162 ff.). Sexueller Missbrauch wird seit 1998 „[...] unter Ausnutzung eines Beratungs-, Behandlungs- oder Betreuungsverhältnisses" nach § 174c Strafgesetzbuch (StGB) mit bis zu fünf Jahren Freiheitsentzug bestraft (vgl. § 174c Abs. 1 StGB).

Während und/oder nach einem sexuellen Missbrauch in der Psychotherapie kann es auf Patientenseite zu Störungen wie einem „professionellen Missbrauchstrauma" (PMT) kommen, die als Nachwirkung einer drastischen destruktiven Grenzverletzung verstanden werden können (vgl. Köllner/Wilms 2014, S. 51). In der Psychotherapie ist es erforderlich, dass der Patient sich dem Therapeuten vorbehaltlos anvertraut. Daraus erwächst eine Verletzbarkeit und Abhängigkeit (vgl. Bühring 2003, S. 20 ff.). Die Fähigkeit des Patienten, sich zu schützen, ist demnach im Rahmen einer Psychotherapie, die von Intimität und Nähe geprägt ist, eingeschränkt (vgl. Reimer et al. 2007, S. 752).

Hinsichtlich seines Charakters und seiner Folgen weist der sexuelle Missbrauch in der Psychotherapie Analogien zum inzestuösen sexuellen Kindesmissbrauch auf, da die therapeutische Beziehung neben der Abhängigkeit auch von der Bedürftigkeit auf Patientenseite bestimmt ist und keine Beziehung auf Augenhöhe darstellt (vgl. Köllner/Wilms 2014, S. 51). Daher führt die Therapeut-Patient-Beziehung bei einem sexuellen Missbrauch zu Hilflosigkeit und Verletzlichkeit aufseiten des Patienten. Infolgedessen kommt es beim Patienten zu einer tiefgreifenden emotionalen und kognitiven Verwirrung sowie einer Erschütterung seines Selbst- und Weltverständnisses (vgl. Baldus 2011, S. 379). Es kann vermutet werden, dass im Kontext einer therapeutischen Beziehung, in der Hypnose zum Einsatz kommt, Patienten mit einer hohen Hypnotisierbarkeit eher gefährdet sind, diese Art von Missbrauch zu erleiden, als Patienten mit einer niedrigen Hypnotisierbarkeit (vgl. Hoencamp 1990, S. 283 ff.).

In der Beziehung zwischen Therapeut und Patient stellt der sexuelle Missbrauch die schwer-wiegendste Form einer destruktiven Entwicklung dar und ist daher am offensichtlichsten (vgl.

Bettighofer 2016, S. 9). Jedoch können sich Missbrauch und Misshandlungen auch in anderer Art und Weise als ausschließlich in sexuellen Handlungen ausdrücken. Deutungen des Therapeuten zur Partnerwahl des Patienten, zum sexuellen Erleben oder zu speziellen sexuellen Handlungen sowie das Mitteilen von sexuellen Gegenübertragungs-Gefühlen und -Reaktionen sind in manchen Fällen als eine Form des Übergriffs bzw. Missbrauchs anzusehen (vgl. Richter-Appelt 2015, S. 146).

Der sexuelle Missbrauch und der materielle Missbrauch in der Psychotherapie stellen Sonderformen des destruktiven Machtgebrauchs dar. Sie sind eindeutiger identifizierbar (vgl. Lohmer/Wernz 2015, S. 293 f.) als die meisten Formen einer gestörten Therapeut-Patient-Beziehung, die weniger spektakulär verlaufen. Wegen ihrer Subtilität fallen sie oftmals nicht sofort auf, wodurch ihre Destruktivität allerdings nicht geringer wird (vgl. Bettighofer 2016, S. 9).

Der Therapeut gebraucht seine Machtposition auch dann in destruktiver Weise, wenn er den Patienten verdeckt oder offen manipuliert, indem er z. B. ein Abhängigkeitsverhältnis fördert, Unterwerfung erzwingt oder die Abgrenzung bzw. Autonomiebestrebungen des Patienten erschwert (vgl. Lohmer/Wernz 2015, S. 293 f.). In der Therapie und der Arbeit mit Hypnose beruhen die sexuelle Ausnutzung und Anstiftung zu selbst- und fremdschädigendem Verhalten auf der bewussten Absicht des Therapeuten (vgl. Revenstorf/Peter 2015b, S. 132) und erregen entsprechend das größere Interesse der Öffentlichkeit (vgl. Revenstorf 2011, S. 141 ff.).

Andere Nebenwirkungen der Hypnose, wie Dekompensation, Retraumatisierung und körperliche Schädigungen, sind hingegen in den meisten Fällen als Unfälle zu sehen, die unabsichtlich durch eine inadäquate Handhabung des Therapeuten entstehen können. Außerhalb einer Therapie ist die Tatsache, dass sich viele Menschen zu Unterhaltungs-zwecken auf einer Bühne (Showhypnose) im Zusammenhang mit Hypnose vorführen lassen und nicht merken oder hinnehmen, dass sie erniedrigt und beschämt werden, ein Phänomen, das sich nicht erklären lässt (vgl. Revenstorf/Peter 2015b, S. 132).

7.3.2 Aufseiten des Therapeuten

Kontraindikationen

Zu den Kontraindikationen aufseiten des Therapeuten zählen Schwierigkeiten mit Übertragung und Gegenübertragung, Omnipotenzwünsche (Allmachtswünsche), die Angst vor oder das Bedürfnis nach intensivem Kontakt, das Überschreiten der professionellen Grenzen und die Betrachtung der Hypnose als „das Mittel der Wahl" (vgl. Revenstorf/Peter 2015b, S. 131).

Gefahren

Die Gefahr ist gegeben, dass der Therapeut Allmachtsgedanken entwickelt, da Hypnose tiefe Einblicke in die Psyche und in Problemzusammenhänge gewährt (vgl. Barber 1998, S. 157 ff.). Aus diesem Grund ist Supervision für den Therapeuten von Bedeutung. Während der Arbeit mit Hypnose ist nicht auszuschließen, dass der Therapeut selbst in einen Trancezustand gelangt oder die an den Patienten gegebenen Suggestionen selbst aufnimmt (vgl. Kossak 2013, S. 198). Veränderungen, die der Patient durch eine Psychotherapie erlebt, können als Grenzüberschreitungen bezeichnet werden. Durch Grenzüberschreitungen kann der Patient unangemessene Beschränkungen überwinden. Wenn die Schutzfunktionen von Grenzen jedoch vom Therapeuten übersehen werden, kann das Grenzverletzungen beim Patienten zur Folge haben.

Fünf Formen werden hinsichtlich der Haltung von Psychotherapeuten unterschieden, in denen eine Grenze aus den Augen verloren werden kann: Rettungsutopismus, Missionarismus, Dogmatismus, Funktionalismus und Gurustrukturen (vgl. Schmidt-Lellek 2005, S. 157 ff.). Der Narzissmus des Therapeuten steht in engem Zusammenhang mit dem Thema Grenz-verletzungen und Machtmissbrauch. Er hat viele Facetten und spielt nicht nur im Hinblick auf die Berufswahl, sondern auch hinsichtlich der Motivation im psychotherapeutischen Alltag eine wichtige Rolle. Aufgrund seines Sachverstandes hat der Therapeut oft die Möglichkeit, auf bedeutende Konflikte und Charakterzüge des Patienten aus wenigen Andeutungen zu schließen.

Er gewinnt damit beim Patienten das Ansehen eines „Hellsehers". Durch die Aura der Intuition, die den Therapeuten umgibt, kann er in Gefahr geraten, dem Patienten eigene kühne Fantasien suggestiv aufzunötigen, wenn ihm die Intuition einmal fehlt, weil er dadurch eine narzisstische Kränkung vermeiden könnte. Sein Beruf verschafft dem Therapeuten somit ausreichend Gelegenheit, seinen Schein der Überlegenheit innerhalb der Therapie zu kultivieren (vgl. Henner 2015, S. 285 f.). Überdies kann der Narzissmus den Therapeuten dazu verleiten, unangemessene Machtbedürfnisse auszuagieren (vgl. Revenstorf/Peter 2015b, S. 127). Es kann zu einem narzisstischen Machtmissbrauch kommen, wenn der Therapeut den Patienten benutzt, um das eigene brüchige Selbstwertgefühl durch die Abhängigkeit des Patienten zu festigen (vgl. Hutterer-Kirsch 2007, S. 242 f.).

In einem solchen Fall ist die Gefahr einer narzisstischen Kollusion[19] zu sehen, in der Therapien länger als nötig laufen, da Patient und Therapeut sich nicht voneinander trennen können (vgl. Reimer 2015, S. 97).

Bei der Betrachtung der Persönlichkeitsvariablen von missbrauchenden Psychotherapeuten gelangen Untersuchungen zu dem Ergebnis, dass zumeist eine unbewusste narzisstische Dynamik in ursächlichem Zusammenhang mit dem sexuellen Missbrauch in der Psychotherapie steht (vgl. Hutterer-Kirsch 2007, S. 380). Der verantwortliche Umgang mit Macht ist eine zentrale Bedingung für einen gelungenen therapeutischen Prozess. Es kommt gezwungenermaßen zum Scheitern dieses Prozesses, wenn der Therapeut seine Macht missbraucht, weil der Patient sich dadurch unverstanden, abgelehnt und erniedrigt fühlt und/oder weil er einer Traumatisierung ausgesetzt ist, auch wenn er diese selbst noch nicht bewusst erkennen und spüren kann (vgl. Wirth 2005, S. 136 ff.).

Aufgrund des bestehenden Machtgefälles zwischen Therapeut und Patient in der Psychotherapie trägt der Therapeut allein die Verantwortung für die Einhaltung des Rahmens und der Grenzen (vgl. Schleu 2014, S. 54 ff.). Der Therapeut ist deshalb dazu angehalten, die Hypnose ausschließlich im Rahmen seiner professionellen Grenzen ausüben (vgl. Revenstorf/Peter 2015b, S. 127). Für Psychotherapeuten gilt ein „Abstinenzgebot". Die therapeutische Vertrauensbeziehung darf danach nicht zur Befriedigung der eigenen Bedürfnisse, Interessen und Wünsche des Therapeuten missbraucht werden. Das Abstinenzgebot erstreckt sich zudem auf nahestehende Personen des Patienten und gilt, bis sich der Patient nach Behandlungsende aus der therapeutischen Beziehung gelöst hat bzw. bis mindestens ein Jahr nach Behandlungsende (vgl. Rettenbach/Christ 2013, S. 287). Der Gefahr eines Missbrauchs in der Therapie kann der Therapeut vorbeugen, indem er sich um die Organisation eines zufriedenstellenden Privatlebens mit Partnerschaft und Freundschaften bemüht und anhaltende Psychohygiene bei sich selbst betreibt.

Dazu zählt auch, dass er sich bei einer gesunden Lebensführung genügend Zeit für Entspannung nimmt sowie eigene Hobbys und Leidenschaften pflegt. Der Therapeut sorgt auf diese Art aktiv für seine Lebensqualität (vgl. Reimer 2015, S. 99 f.). Eine gute Lebensqualität ist die Voraussetzung, um zwischen Berufs- und Privatleben ein angemessenes Gleichgewicht herstellen zu können (vgl. Sonnenmoser 2013, S. 166 f.). Der Therapeut erfüllt auf diese Art nicht nur eine Modellfunktion für Selbstachtung, sondern seine positive Stimmung und ruhige Ausstrahlung wirken für sich bereits positiv auf den Patienten (vgl. Kaiser Rekkas 2014, S. 28).

---

[19] Bei der narzisstischen Kollusion in der Therapie, idealisiert der Patient den auf Bewunderung angewiesenen Therapeuten, der die Grenzen seiner Möglichkeiten verleugnet (vgl. Ermann 2016, S. 36 ff.). Der Patient wehrt seine eigenen Größenfantasien ab und delegiert sie an den Therapeuten (vgl. Körner 2015, S. 73 ff.).

7.4 Grenzen der Hypnose

Häufig liegen die Grenzen der Hypnose im Therapeuten, da der Therapeut ein Mensch ist und somit fehlerhaft. Hypnose kommt an ihre Grenzen, wenn der Therapeut dem Patienten seine Ansichten aufdrängt oder wenig bereit ist, ihn zu hören und ihn seine eigenen Schritte machen zu lassen, die in manchen Fällen erfinderischer sein können als die Denkweise und die Ideen des Therapeuten. Wie jeder Mensch sind auch Therapeuten mit blinden Flecken ausgestattet und mit einer subjektiven Weltsicht behaftet. Ab und an übersehen sie Fortschritte und beharren auf Unwichtigkeiten. In solchen Fällen fühlt sich der Patient nach der Erfahrung von Kaiser Rekkas unwohl, missverstanden, deprimiert und bricht die Therapie ab (vgl. Kaiser Rekkas 2013b, S. 245).

Hypnose kann zudem leicht als reines Technikrepertoire betrachtet werden, mit dem zeitnah schwierige Probleme behoben werden können. Folglich werden Diagnostik und Indikations-stellung vernachlässigt (vgl. Kossak 2013, S. 199). Freud hat zu seiner Zeit die Hypnose aufgegeben, da es ihm nicht gelungen ist, jeden Patienten zu hypnotisieren, und da die verdrängten (und deshalb bewusst nicht verfügbaren) Erinnerungen in der Hypnose zwar mobilisiert werden können, aber der Widerstand gegen die Hypnose nach der Trance noch derselbe ist wie davor. Auf diesem Wege können dem Patienten die verdrängten Inhalte nicht verfügbar werden (vgl. Nitzschke 2010, S. 22).

Hingegen machte Freud die Erfahrung, dass die inneren Hürden des Erinnerns überwunden werden und die Patienten frei über ihre Probleme sprechen können, wenn er sie ermutigte, alles auszusprechen, was ihnen in den Sinn kam (vgl. Butcher et al. 2009, S. 62). Zu den Grenzen der Hypnose können auch Probleme in der Beziehung zwischen Therapeut und Patient gezählt werden. Dazu gehören unangemessene Erwartungshaltungen und Wider-stände, eine intensive Partnerbeziehung und Abhängigkeiten sowie sexuelle und andere unangemessene Wünsche bei Therapeut und Patient. Es bedarf in all diesen Fällen einer Abklärung und Absicherung von Therapeut und Patient, wodurch hier Hypnose kontra-indiziert sein kann.

Die Anwesenheit einer dritten Vertrauensperson kann daher bei manchen Problemstellungen sinnvoll sein (vgl. Kossak 2013, S. 200 f.). Es gibt Patienten, die eine Passivität in die Therapie mitbringen und ohne Eigenleistung Manipulationen verlangen, um symptomfrei zu werden. Hypnose kann in solchen Fällen kontraindiziert sein. Der Patient wird daher von Beginn an vom Therapeuten aktiv beteiligt, wenn Hypnose indiziert ist. Durch die aktive Auseinandersetzung mit seinen Problemen, lernt der Patient diese zu lösen (vgl. Kossak 2013, S. 202).

Auch gibt es Patienten, für die Hypnose nicht die optimalen oder keine Chancen birgt. Der Therapeut sieht in einem solchen Fall von der Arbeit mit Hypnose ab und führt die Therapie mit dem Patienten ohne Hypnose weiter oder ist dem Patienten dabei behilflich, ein anderes Therapieverfahren und einen anderen Therapeuten zu finden (vgl. Kaiser Rekkas 2013b, S. 245). Grenzen können sich auch zeigen, wenn es um bestimmte Personengruppen geht: Menschen, die von Armut betroffen sind; chronisch kranke Patienten; geistig und körperlich behinderte Menschen; Menschen mit Migrationshintergrund (vgl. Fliegel/von Schlippe 2005, S. 127) und intelligenzgeminderte Personen können aus verschiedenen Gründen ggf. von einer Therapie mit Hypnose oder auch generell von einer Psychotherapie ausgeschlossen sein (vgl. Schanze 2013, S. 100).

Eine kognitive Minderleistung des Patienten kann die Kommunikation erschweren (vgl. Kossak/Zehner 2011, S. 38). Für die verbale Kommunikation ist ggf. ein Mindestmaß an Intelligenz nötig, das allerdings keine zwingende Voraussetzung für den Erfolg der Hypnose ist (vgl. McCord 1956, S. 21 ff.).

Im Folgenden wird anhand von Metaanalysen die Wirksamkeit der Hypnose in der Psychotherapie dargestellt.

8. Wirkungsnachweise der Hypnose

Die hohe Effektivität klinischer Hypnose für die therapeutische Arbeit gilt heute als unumstritten (vgl. Schmidt 2016, S. 12 f.). Mithilfe von Trance schafft die klinische Hypnose einen Rahmen des Besonderen und wirkt nicht zuletzt durch die Entwicklung einer emotional bedeutsamen Erfahrung (vgl. Meiss 2015, S. 110).

Vier Thesen werden dargelegt, um die Wirksamkeit der Hypnose zu erklären: (1) Für das Erleben einer „alternativen Wirklichkeit" ist eine hypnotische Trance wesentlich; (2) für das Gefühl, hypnotisiert zu sein, ist Unwillkürlichkeit wichtig; (3) hypnotische Phänomene und psychopathologische Symptome ähneln sich – entscheidend ist aber der Unterschied; (4) ist bei der Symptomatik der Anteil an Unwillkürlichkeit hoch, ist klinische Hypnose in der Psychotherapie indiziert. Diese Annahmen werden durch Daten aus der Gehirnforschung (PET- und fMRT-Untersuchungen über die Aktivierung des Gehirns während hypnotischer Trance) unterstützt (vgl. Peter 2008, S. 127 ff.).

In den verschiedensten Bereichen existieren Belege für die Wirksamkeit hypnotherapeutischer Interventionen. Besonders gut nachgewiesen durch Metaanalysen ist die Wirksamkeit der Hypnose in der Schmerzbehandlung, bei Verhaltensstörungen und in der Psychosomatik (vgl. Revenstorf 2015b, S. 854). Für die meisten psychischen Diagnosen nach Maßgabe der heutigen Klassifikation kann die klinische Hypnose derzeit dennoch bestenfalls als möglicherweise wirksame Psychotherapie gelten und bislang für keine Diagnose als spezifisch wirksam (vgl. Hagl 2015, S. 792).

Um die Effektivität der klinischen Hypnose bei psychosomatischen Störungen zu untersuchen, wurde eine Metaanalyse von 21 randomisierten kontrollierten klinischen Studien durchgeführt. Bei diesen Studien wurden zwei Gruppen miteinander verglichen: zum einen Patienten, die allein mit Hypnotherapie behandelt wurden, und zum anderen Kontrollpersonen, die keine Behandlung erhielten. Ebenfalls wurden Studien, die eine adjunktive medizinische Standardversorgung involvierten, in die Untersuchungen eingeschlossen. Dabei wurde die Art der Hypnotherapie aufgeteilt in eine klassische ($n = 9$), gemischte ($n = 5$) und moderne Form ($n = 3$). Die Ergebnisse dieser 21 Studien zeigten eine gewichtete mittlere Effektstärke von $d^+ = .61$ ($p = .0000$).

Signifikante Unterschiede zwischen klassischer, gemischter und moderner Hypnose brachte eine Varianzanalyse. Eine Regression des Ergebnisses auf die Behandlungsdosis ergab keinen signifikanten Zusammenhang. Nur in drei Studien wurden numerische Werte für die Korrelation zwischen Suggestibilität und Ergebnis berichtet (Mittelwert $r = .31$). Die

Hypnotherapie ist bei der Behandlung psychosomatischer Störungen wirksam, wie die Metaanalyse belegt (vgl. Flammer/Alladin 2007, S. 251 ff.).

Die Wirksamkeit der Hypnose bei der Behandlung depressiver Symptome wurde mit einer umfassenden Metaanalyse-Software analysiert. Hierfür wurden sechs Studien qualifiziert und miteinander verglichen. Die kombinierte Effektgröße der Hypnose bei depressiven Symptomen betrug 0,57. Hypnose schien die Symptome einer Depression signifikant zu verbessern (p <.001). Dieses Ergebnis deutet darauf hin, dass Hypnose eine qualifizierte nicht pharmakologische Intervention bei der Behandlung von Depressionen ist (vgl. Shih et al. 2009, S. 431 ff.).

Eine Studie zur Untersuchung der Wirksamkeit der kognitiven klinischen Hypnose in Verbindung mit der kognitiven Verhaltenstherapie und im Vergleich zur alleinigen kognitiven Verhaltenstherapie bei der Behandlung von Depressionen kam zu dem Ergebnis, dass die kognitive klinische Hypnose in Kombination mit der kognitiven Verhaltenstherapie eine möglicherweise wirksame Behandlung bei Depressionen darstellt, da sie eine leichte Überlegenheit im Vergleich zur alleinigen kognitiven Verhaltenstherapie aufwies (vgl. Alladin/Alibhai 2007, S. 147 ff.).

Durch metaanalytische Methoden wurde auch die Wirksamkeit von hypnotherapeutischen Techniken zur Behandlung von Symptomen einer posttraumatischen Belastungsstörung (PTBS) untersucht. Insgesamt wurden 81 Studien über Hypnotherapie und PTBS auf die Erfüllung der Einschlusskriterien überprüft. Die Ergebnisse von sechs Studien, die 391 Teilnehmer umfassten, wurden mittels einer Metaanalyse analysiert. Alle Studien zeigten als Ergebnis, dass die Hypnotherapie einen positiven Effekt auf die Symptome der PTBS hatte. Die Effektstärke Cohen's d war groß (-1.18) und statistisch signifikant (p <.001) (vgl. O'Toole et al. 2016, S. 97 ff.).

Für die Gruppe der Angststörungen wird die Wirksamkeit der klinischen Hypnose anhand der von Revenstorf erarbeiteten Expertise (Expertise zur Beurteilung der wissenschaftlichen Evidenz des Psychotherapieverfahrens Hypnotherapie) dargestellt. Insgesamt liegen sieben Studien mit 271 Patienten vor. Vornehmlich wurden Prüfungsängste, Panikstörungen und Phobien mit klinischer Hypnose behandelt. Klinisch relevante Verbesserungen wurden von 71 Prozent der Behandelten angegeben. Hingegen machten nur 29 Prozent der Mitglieder der unbehandelten Wartegruppe solche Angaben.

Schlussfolgerungen: Von einer gut nachgewiesenen Wirksamkeit der klinischen Hypnose bei Angststörungen kann aufgrund der empirischen Untersuchungen ausgegangen werden. Eine breite Palette von Ängsten konnte durch klinische Hypnose nicht nur effektiv, sondern auch mit wenig Aufwand behandelt werden. Um den therapeutischen Effekt zu erzielen, wurden in keiner der Studien mehr als neun Hypnose-Sitzungen benötigt. Da es sich um kontrollierte Studien mit ausreichender Stichprobengröße handelte, kann die methodische Qualität der Untersuchungen als sehr gut bewertet werden. Aufgrund einer Katamnese-Untersuchung (mit Ausnahme einer Studie) kann außerdem die Beständigkeit des Erfolgs der klinischen Hypnose bei Angststörungen als gesichert angesehen werden (vgl. Revenstorf 2003, S. 112 ff.). Im Bereich der Angststörungen gab es bisher überwiegend Untersuchungen zu Prüfungsangst und Objektphobien. Dennoch sind auch Agoraphobien, Panikstörungen und Zwänge mit Hypnose behandelbar (vgl. Revenstorf 2005, S. 175 ff.).

Eine weitere Metaanalyse für 18 randomisierte kontrollierte Studien (N = 732) wurde ebenfalls zur Beurteilung der Wirksamkeit von klinischer Hypnose bei Angststörungen durchgeführt. Phobien, Angst und die generalisierte Angststörung waren eingeschlossene Störungsbilder. Standardisierte Mittelwertsdifferenzen dienten als Effektstärken (ES). Ergebnis: Für Prä-Post-Vergleiche ergab sich eine mittlere Wirksamkeit (ES = .72349). Eine hohe Effektivität (ES = 1.015428) zeigte sich gegenüber einer Wartekontrollgruppe, wobei sich Hypnose in der Behandlung von Kindern und Adoleszenten (ES = 1.35061) und bei Phobien (ES = 1.23128) als besonders wirksam erwies. Von den mit Hypnose behandelten Patienten erfuhren 73,56 Prozent eine Besserung ihrer Symptomatik, im Gegensatz zu 26,45 Prozent der Patienten in einer Wartekontrollbedingung. Keinen signifikanten Einfluss auf das Ergebnis der Behandlung hatte die Anzahl der Therapiesitzungen.

Gegenüber Aufmerksamkeitsplacebo, zeigte sich die Hypnotherapie als überlegen (ES = .66401). Im direkten Wirksamkeitsvergleich zur Verhaltenstherapie ergab sich kein signifikanter Unterschied. Die klinische Hypnose kann schlussfolgernd als wirksame bis hochwirksame Therapiemethode bei bestimmten Angststörungen gelten. Im direkten Vergleich mit der Verhaltenstherapie zeigt sie sich als genauso effektiv (vgl. Flammer 2006, S. 173 ff.).

Viele Studien zum Untersuchungsgegenstand Angst weisen jedoch einen Mangel an Zwischengruppenanalysen auf. Darüber hinaus wurden relevante statistische Informationen ausgeschlossen. Coelho et al. fanden begrenzte, aber einheitliche Beweise dafür, dass bei Prüfungsangst und einer leistungsbezogenen sozialen Angst Hypnose zu einer Linderung der Angst beitragen kann. Die Autoren kamen zu dem Schluss, dass die Beweise aus aktuellen randomisierten kontrollierten Studien nicht ausreichen, um den Einsatz von Hypnose zur Behandlung von Angst

zu unterstützen (vgl. Coelho et al. 2007, S. 49 ff.).

Für den Bereich der Schlafstörungen (Insomnien) kommen Serban et al. in ihrem Review zu dem Ergebnis, dass die Anwendung hypnotherapeutischer Techniken bei verschiedenen

Schlafstörungen effektiv und sinnvoll sein kann. Jedoch gibt es zu wenige randomisierte und kontrollierte Studien in diesem Anwendungsbereich, was Serban et al. kritisieren (vgl. Serban et al. 2013, S. 507 ff.).

Zu gemischten Befunden hat die Forschung über die Wirksamkeit der Hypnose bei der Behandlung von Essstörungen geführt. Zurückzuführen ist dies zum Teil auf das Zusammenspiel zwischen den Merkmalen von Menschen mit Essstörungen und den Phänomenen der Hypnose. Darüber hinaus machen methodische Einschränkungen in der Hypnoseforschung eine Bewertung der Behandlungswirksamkeit oft schwierig. Viele Studien liefern unzureichende Informationen über die Besonderheiten der hypnotischen Interventionen, um die Replikation und die klinische Umsetzung zu erleichtern (vgl. Barabasz 2007, S. 318 ff.).

Jedoch führt Revenstorf in seiner Expertise sieben Studien mit 200 Patienten zur Behandlung der Adipositas auf, bei denen die klinische Hypnose als ein adjunktives Behandlungsverfahren zum Einsatz kam. Auf einer verhaltensmodifizierenden und diätetischen Vorgehensweise lag währenddessen der Behandlungsschwerpunkt. Schlussfolgerungen: Es kann angenommen werden, dass die klinische Hypnose eine effektive und ökonomische Methode zur Adipositas-Behandlung darstellt. Die langfristige Stabilität der Gewichtsreduktion, die bei diesem Störungsbild von Bedeutung ist, ist hierbei erwähnenswert. Durch andere Therapieansätze (z. B. Diäten) wird diese entweder überhaupt nicht oder nicht in demselben Maße erreicht (vgl. Revenstorf 2003, S. 144 ff.).

An dieser Stelle wird noch einmal auf die Metaanalysen aus Kapitel 2.5.3 verwiesen. In der ersten Metaanalyse zeigte die Hypnotherapie als alleiniges Verfahren im Vergleich zur kognitiven Verhaltenstherapie eine Steigerung der Wirksamkeit von mittlerer zu großer Effektstärke nach dem Ende der Therapie bis zum Zeitpunkt der Katamnese. Die beste Wirksamkeit zeigten kombinierte Programme mit hypnotischen und verhaltenstherapeutischen Elementen. Hier gab es große Effektstärken für beide Messzeitpunkte (vgl. Wais/Revenstorf 2008, S. 57 ff.).

In der zweiten Metaanalyse zeigten die Ergebnisse, dass das Behandlungsergebnis der kognitiven Verhaltenstherapie mit dem Zusatz der Hypnose signifikant verbessert wurde. Diese Effekte waren besonders bei der Behandlung von Adipositas ausgeprägt (vgl. Kirsch et al. 1995, S. 214 ff.). Allerdings kamen Allison und Faith nach einer Korrektur mehrerer Transkriptions- und Rechenungenauigkeiten in der Metaanalyse von Kirsch et al. (1995) zu dem Schluss, dass die Hypnose als Zusatz zur kognitiven Verhaltenstherapie höchstens eine geringe Effektivitätssteigerung hinsichtlich eines Gewichtsverlustes zur Folge hatte (vgl.

Allison/Faith 1996, S. 513 ff.). Kirsch wiederum errechnete nach einer Korrektur seiner bisherigen Metaanalysen bedeutende Effekte (vgl. Kirsch 1996, S. 517 ff.).

Auf der Basis von 19 Studien in den Anwendungsbereichen Alkoholabhängigkeit, Asthma, Drogenabhängigkeit, Phobien, Angst vorm Zahnarzt, Migräne, essenzielle Hypertonie, chronische Schmerzen, Angstneurose, Spannungskopfschmerz, Chirurgiepatienten, Schlafwandeln und Einschlafstörung mit 1068 Patienten wurde für die Hypnose sowohl im Prä-Post-Vergleich als auch im Kontrollgruppenvergleich eine gute Wirksamkeit festgestellt (vgl. Grawe et al. 1994, S. 634). Diese Schlussfolgerung ist durch weitere Metaanalysen zwischenzeitlich bestätigt, differenziert und konkretisiert worden (vgl. Scholz 2005, S. 27 ff.). Die statistischen Methoden der Metaanalyse von Grawe et al. wurden im selben Jahr von Rüger kritisiert. Die verschiedenen Psychotherapieverfahren wurden auf der Grundlage der dazu erschienenen Therapiestudien in der Metaanalyse von Grawe et al. einander vergleichend gegenübergestellt. Dabei wird der Anspruch erhoben, auch mit statistischen Methoden die höhere Wirksamkeit bestimmter Therapien, im Vergleich zu anderen Therapien, nachgewiesen zu haben. Rüger behauptet, dass die dazu eingesetzten statistischen Verfahren deskriptiver und induktiver Art einer kritischen Überprüfung nicht standhielten. Sie seien fehlerhaft und in den meisten Fällen unzulässig. Er führt folgende vier Kritikpunkte auf:

1. Nach Grawes Kriterien hänge die Frage, wie erfolgreich eine Therapie sei, stärker von der Anzahl der Variablen und ihrer Messungen ab, mit der sie beurteilt werden, als von der Anzahl der in den Einzelstudien untersuchten Patienten.

2. Grawe verzichte auf eine Unterscheidung zwischen abhängigen und unabhängigen Variablen bzw. Messungen. In seinen Methoden seien alle Messungen von allen Variablen mit dem gleichen Gewicht enthalten.

3. Zur Beurteilung eines Therapieverlaufs seien die verschiedenen Effektmaße in der Regel ordinal skaliert mit verschiedenen untereinander unvergleichbaren Skalen. Grawe behandle diese Skalen jedoch so, als ob sie vergleichbar und oft sogar so, als ob sie metrisch seien.

4. Von den fünf statistischen Verfahren (Abzählen von Signifikanzen, Binomialtest, Differenzwertprofil, t-Test, Wilcoxon-Test), mit denen Grawe eine Auswertung der Ergebnisse der Einzelstudien vornimmt, seien alle unzulässig, weil ihre erforderlichen Voraussetzungen als nicht erfüllt gelten müssten. Insgesamt ergibt sich nach Rüger daraus, dass die behaupteten Schlussfolgerungen in der Metaanalyse nicht als statistisch abgesichert oder statistisch nachgewiesen gelten können (vgl. Rüger 1994, S. 368 ff.).

Bisherige Schwerpunkte der Forschung zur Wirksamkeit der klinischen Hypnose zeigen sich neben der etablierten Verbindung zur Medizin, in der sich Hypnose prä-, intra- und postoperativ zur Angst- und Schmerzbewältigung als nicht invasives Verfahren bewährt hat, in der Psychosomatik. Die Raucherentwöhnung mit Hypnose hat sich im Suchtbereich als am besten erforscht und erfolgreich erwiesen. Von klinischer Hypnose im Zusammenschluss mit sozialtherapeutischen Maßnahmen können ebenso Alkohol- und Opiatmissbrauch profitieren (vgl. Revenstorf 2005, S. 175 ff.).

Im Jahr 2003 wurde von Flammer und Bongartz eine erweiterte Metaanalyse durchgeführt, für die 57 randomisierte klinische Studien aus 444 Studien zur Wirksamkeit der Hypnose ausgewählt wurden. Ein striktes Kriterium für die Auswahl der Studien war, dass diese einen klaren Vergleich zwischen einer strikten Hypnosebehandlungsgruppe und einer unbehandelten Kontrollgruppe zuließen. Über alle 57 Studien hinweg zeigte sich eine gewichtete Effektstärke von 0,56, was einer mittleren Effektstärke entspricht.

Die Effektstärke wurde eigens für die ICD-10-kodierbaren Störungen (32 Studien) berechnet, und es ergab sich ein höherer gewichteter Wert von d = 0,63, da sich fast die Hälfte der 57 Studien auf die Anwendung von Hypnose bei medizinischen Anwendungen bezog. Zusätzlich wurde die Effektstärke aus weiteren 133 Studien berechnet, um einen Eindruck zu bekommen, was sich bei einer weniger strikten Auswahl der Studien gezeigt hätte, da keine randomisierte Zuweisung zu den Gruppen und lediglich ein einfacher Prä-Post-Vergleich vorgenommen wurde, was in der Psychotherapieforschung ein durchaus legitimes und gebräuchliches Verfahren darstellt. Hier ergab sich ein Ergebnis mit einer gewichteten Effektstärke von d = 2,29. Aus den 57 randomisierten Studien berichteten sechs numerische Werte für die Korrelation zwischen hypnotischer Suggestibilität und Behandlungsergebnis mit einer mittleren Korrelation von r = 0,44 (vgl. Flammer/Bongartz 2003, S. 179 ff.).

Barnes et al. (2010) geben an, dass die Studienlage nicht genügend Beweise liefere, die der klinischen Hypnose eine größere Wirkung bei der Raucherentwöhnung zusicherten, als keiner Behandlung oder einer psychologischen Beratung. Die Effekte aus unkontrollierten Studien zur klinischen Hypnose auf die Raucherentwöhnung konnten durch die Analyse randomisierter kontrollierter Studien nicht bestätigt werden (vgl. Barnes et al. 2010).

In vielen klinischen Studien wurde die Wirksamkeit der Hypnose zur Kontrolle von Schmerzen nachgewiesen (vgl. Peter 2005, S. 34 ff.). Eine Metaanalyse von Adachi et al. in der Hypnose, Standardpflege und andere psychologische Interventionen bei der Behandlung von chronischen Schmerzen miteinander verglichen wurden, deutet darauf hin, dass sich Hypnose in der Behandlung von chronischen Schmerzen als wirksam erweist. Im Vergleich zur Standardpflege stellte die Hypnose eine moderate Behandlungsleistung dar. Im Vergleich zur Standardpflege stellte die Hypnose eine moderate Behandlungsleistung dar. Auch zeigte sie eine moderat überlegene Wirkung im Vergleich zu anderen psychologischen Interventionen für eine Gruppe, die nicht von Kopfschmerzen betroffen war (vgl. Adachi et al. 2014, S. 1 ff.). Eine Metaanalyse von 18 Studien zeigte eine moderate bis große Wirksamkeit von hypnotischen Techniken in der Schmerztherapie. Die Ergebnisse ließen außerdem erkennen, dass die klinische Hypnose bei der Reduktion von klinischen und experimentellen Schmerzen gleichermaßen wirksam war (vgl. Montgomery et al. 2000, S. 138 ff.). Die klinische Hypnose wird herkömmlich im Einzelsetting durchgeführt. Die Behandlung von Gruppen erscheint jedoch in verschiedenen Indikationsbereichen sinnvoll und rentabel. Fenn und Riegel untersuchten in einem systematischen Review aktuelle Forschungsergebnisse hinsichtlich der Wirksamkeit. Sie betrachteten ausschließlich Studien, in denen moderne hypnotherapeutische Methoden eingesetzt wurden. Außerdem wurden nur Studien in die Analyse aufgenommen, in denen Veränderungen auf die Wirksamkeit der hypnotherapeutischen Gruppenbehandlung zurückgeführt werden konnten. In das Review wurden acht Studien aufgenommen. Die hypnotherapeutische Gruppenbehandlung stellte sich als wirksam heraus, auch wenn die Einzeltherapie in der Regel bessere Erfolge hervorbrachte. Eine größere Anzahl methodisch hochwertiger Studien ist erforderlich, um die hypnotherapeutische Gruppenbehandlung als empirisch gestützte Therapie einschätzen zu können (vgl. Fenn/Riegel 2013, S. 103 ff.).

Was den Einsatz der Hypnose bei Kindern anbelangt, so lässt sich sagen, dass diese besonders empfänglich für Hypnose sind, da klinische Hypnose als Methode auf die allgemeinen Entwicklungsbedürfnisse von Kindern reagiert, indem sie ihre Fähigkeit zur Fantasie anspricht. Für den Bereich der psychischen Störungen im Kindesalter existieren fast ausschließlich Fallberichte. Die Befunde deuten darauf hin, dass klinische Hypnose für eine Vielzahl von Störungen und Problemen nützlich sein kann, insbesondere bei der Behandlung von Angststörungen und Traumafolgestörungen. Jedoch sind weitere kontrollierte Studien nötig, um eine mögliche Bedeutung der klinischen Hypnose in der Behandlung von psychischen Störungen bei Kindern einschätzen zu können (vgl. Huynh et al. 2008, S. 377 ff.).

Gold et al. überprüften publizierte Studien zum Einsatz der klinischen Hypnose bei der Behandlung von spezifischen pädiatrischen, medizinischen und psychologischen Bedingungen. Sie kamen zu dem Ergebnis, dass die Pädiatrie die klinische Hypnose als effektives Werkzeug ansieht mit dem Potenzial, sich einer Vielzahl von Behandlungsfeldern anzunehmen. Allerdings sind hierfür weitere randomisierte, kontrollierte Studien erforderlich, da es bisher nur wenige, unkontrollierte Studien gibt (vgl. Gold et al. 2007, S. 744 ff.).

Bisher gibt es keine kontrollierten Studien zur klinischen Hypnose bei der Behandlung von bipolaren Störungen, schizoaffektiven Störungen, Zwangsstörungen, Störungen der Impulskontrolle, Persönlichkeitsstörungen und externalisierenden Störungen (Verhaltensauffälligkeiten mit Beginn in Kindheit und Jugend). Für psychotische Störungen gibt es wenige ältere

Studien, die nur unzureichende Schlüsse zulassen. Für Essstörungen und Schlafstörungen wurden kaum kontrollierte Studien veröffentlicht (vgl. Hagl 2015, S. 789 f.).

Im abschließenden Fazit werden die Ergebnisse des vorliegenden Buches zusammengefasst und es erfolgt die Beantwortung der Forschungsfrage. Darüber hinaus wird auf Forschungsdefizite eingegangen und dem Leser im Hinblick auf die Problematik, dass es zu wenige randomisierte und kontrollierte Studien gibt, die für die Anwendung der klinischen Hypnose bei psychischen Störungen sprechen, ein Ausblick auf zukünftige Forschungsvorhaben vermittelt.

9. Fazit und Ausblick

Ziel des vorliegenden Buches ist es aufzuzeigen, welchen Nutzen die Hypnose in der Psychotherapie hat. Zu diesem Zweck wurden die Anwendungsbereiche der Hypnose und ihre Wirkungen aufgeführt sowie der Einsatz der Hypnose in den verschiedenen Psychotherapieverfahren erläutert. Auf dieser Grundlage wurden die unterschiedlichen Suggestionsarten erklärt. Ferner wurde die Bedeutung der einzelnen Aspekte der Therapeut-Patient-Beziehung aufgezeigt und die Ziele, Vorteile, Kontraindikationen, Gefahren und Grenzen der Hypnose wurden präsentiert. Im Anschluss wurde dem Leser ein Überblick über verschiedene Metaanalysen verschafft, die als Wirkungsnachweise der Hypnose in der Psychotherapie herangezogen wurden.

Die klinische Hypnose stellt ein differenziertes Spektrum von Behandlungstechniken zur Verfügung, kommt in verschiedenen Psychotherapieverfahren zum Einsatz und ist im neurobiologischen Sektor theoretisch verankert. Ihr kommt nicht nur eine Bedeutung in der Behandlung von psychischen, somatischen und psychosomatischen Erkrankungen zu, sondern auch für die Prophylaxe. In der Psychotherapie kann die Hypnose individuell bei einer Person oder in Gruppen eingesetzt werden. Ihre Anwendung findet sie sowohl bei Erwachsenen als auch bei Kindern und Jugendlichen. In diesem Buch lag der Fokus auf der Anwendung bei erwachsenen Patienten, die sich in einer ambulanten Psychotherapie mit einem wissenschaftlich anerkannten Therapieverfahren befinden.

Nach aktuellem Forschungsstand liefert die klinische Hypnose vielversprechende Ansätze bei der Behandlung folgender psychischer Erkrankungen: Adipositas, leichte bis mittelschwere Depressionen, psychosomatische Störungen und Angststörungen. Bewährt hat sich die Hypnose vor allem bei der Behandlung von Schmerzen. Die wesentlichen Ergebnisse der Forschungsfrage „Welchen Nutzen hat die Hypnose in der Psychotherapie?" lassen sich wie folgt zusammenfassen. Die klinische Hypnose lässt sich mit der kognitiven Therapie, mit der systemischen Therapie sowie mit der Verhaltenstherapie, der psychodynamischen Psychotherapie und der humanistischen Psychotherapie kombinieren, was die Effektivität bekannter Grundtherapien, wie die Verhaltenstherapie und die analytische Psychotherapie, in einigen Fällen erhöht.

Patienten können durch die Hypnose nicht nur einen erleichterten Zugang zu ihren Gefühlen, Bedürfnissen, Wahrnehmungen, Ressourcen, Erinnerungen, Traumatisierungen, Fehlbewertungen oder Konditionierungen erhalten, sondern Gefühle und Ängste im Hypnosekontext auch leichter zulassen. In Hypnose können therapeutisch erforderliche Reizveränderungen den Erfordernissen einfacher angepasst werden, indem Interventionen in imaginativen, realitätsnahen und variabel gestalteten Situationen zum Einsatz kommen. Der Patient kann in Hypnose Alternativszenen, zukünftige Handlungsalternativen und Projektionen imaginieren, was seine Möglichkeiten erweitert und Selbstheilungspotenziale aktiviert. Zudem erlangt er in Hypnose eine körperliche Entspannung sowie eine Fokussierung seiner Aufmerksamkeit. Durch die genannten Aspekte kann er nicht nur seine körperlichen Vorgänge geistig beeinflussen, sondern auch eine Linderung oder Auflösung der Symptomatik in Gang setzen und psychische sowie Verhaltensänderungen erreichen. In Hypnose sind außerdem rasche Wechsel zu unterschiedlichen Erlebensräumen oder Szenen sowie zeitnahe therapierelevante Einstellungsänderungen möglich.

Durch das vielschichtige Ansprechen relevanter Ebenen (Emotion, Bewertung, Bedeutungs-gebung, Semantik, Physiologie), kann der Patient seine Problemsituation komplex und differenziert erleben. Durch Hypnose sind darüber hinaus Perspektiwänderungen, Wieder-holungen, Verfremdungen und Stimulusveränderungen von Situationen, Personen, Tieren und Objekten sowie Reizsubstituierungen möglich. Patienten mit Ängsten, Zwängen oder Schmerzen können in Hypnose einen externalen Ort der Kontrolle erfahren (fremdbestimmt) und sich selbst durch geeignete Hypnoseinterventionen wieder als internalen Ort der Kontrolle über ihr Verhalten (selbstbestimmt) wahrnehmen. Durch die Hypnose kann im Patienten Unbewusstes freigelegt werden, wodurch sich sein Spielraum erweitert und dadurch Problemfindungen leichter ermöglicht werden.

Was die Kommunikation zwischen Therapeut und Patient betrifft, so konnte anhand der Ausführungen über die Therapeut-Patient-Beziehung in der Hypnose gezeigt werden, dass diese intensiviert wird. Diese Intensivierung der Kommunikation verbessert nicht nur die Übertragung und Gegenübertragung, sondern kann auch zu wesentlichen diagnostischen Informationen führen.

In der Therapie ist das Erzeugen einer positiven Erwartungshaltung beim Patienten im Hinblick auf die Hypnose ein wesentlicher Faktor für die hypnotherapeutische Arbeit. Die in der hypnotischen Beziehung verstärkt auftretenden Übertragungs- und Gegenübertragungs-phänomene bergen sowohl Chancen als auch Risiken für die Psychotherapie. Zu den Chancen zählt die Möglichkeit, frühkindliche dysfunktionale Bindungsmuster oder die Symptom-bildung zu erkennen, besser zu verstehen und diese im Deutungsprozess zu klären oder aufzulösen. Die Risken können sich in Form von Angst, Unterwerfung oder Widerstand seitens des Patienten zeigen. Auch kann es zu übertragungsbedingten erotischen Gefühlen und Verstrickungen zwischen Patient und Therapeut kommen sowie zu einer Abhängigkeit des Patienten vom Therapeuten, wodurch eine Therapie sich unnötig verlängern kann.

Neben den verschiedenen Indikationsbereichen der Hypnose in der psychotherapeutischen Praxis, gibt es auch Kontraindikationen sowie Gefahren und Grenzen der Hypnose. Die klinische Hypnose schließt bestimmte Krankheitsbilder bzw. Ausprägungsgrade wie endogene und exogene Psychosen, Akutphasen einer Schizophrenie, schwere Depressionen, die Borderline-Persönlichkeitsstörung und die histrionische sowie die paranoide Persönlichkeitsstörung von der Behandlung aus. Außerdem werden von der Therapie mit Hypnose häufig Menschen ausgeschlossen, die von Armut betroffen sind, chronisch kranke Patienten, geistig und körperlich behinderte Menschen, Menschen mit Migrationshintergrund und intelligenzgeminderte Personen. Darüber hinaus kann die Hypnose bei inadäquater Anwendung zu physischen und psychischen Schädigungen beim Patienten führen. Zu den physischen Schädigungen zählen unter anderem Kopfschmerzen, Schwindelgefühle und Übelkeit. Was die psychischen Schädigungen betrifft, kann die Hypnose eine Retraumatisierung, eine larvierte Depression, eine Manie oder eine Psychose auslösen. Zu den Gefahren in der Therapie mit Hypnose zählt insbesondere der Machtmissbrauch durch den Therapeuten, der sich unter anderem in Form eines narzisstischen und/oder sexuellen Missbrauchs oder in der finanziellen Ausbeutung des Patienten zeigen kann.

Was die Wirkungen klinischer Hypnose anbelangt, so können bei der Behandlung von Depressionen die Symptome der Depression signifikant verbessert werden. Allerdings trifft die Metaanalyse von Shih et al. (2007) keine Aussage darüber, inwieweit die eingeschlossenen Studien sich mit depressiven Patienten im Eigentlichen beschäftigen. Die klinische Hypnose in Kombination mit der kognitiven Verhaltenstherapie kann nach der Studie von Alladin und Alibhai (2007) als „wahrscheinlich wirksame" Methode bei der Behandlung der Depression betrachtet werden.

Auch hat die Hypnose einen positiven Effekt auf die Symptome der Posttraumatischen Belastungsstörung. Von einer gut belegten Wirksamkeit der Hypnose kann bei bestimmten Angststörungen (insbesondere Objektphobien und Prüfungsangst) ausgegangen werden. Diese können mit geringem Aufwand behandelt werden. Die Stabilität des Erfolgs der Hypnose bei Angststörungen kann als gesichert angesehen werden. Hingegen kann aufgrund methodischer Defizite bestehender Studien keine Beurteilung getroffen werden, was die Behandlung klinisch relevanter Angststörungen mit Hypnose anbelangt.

Es gibt außerdem keine einheitlichen Befunde, die die Wirksamkeit der Hypnose bei Menschen mit Essstörungen belegen. Für diesen Bereich existieren zu wenige randomisierte und kontrollierte Studien. Lediglich die Behandlung der Adipositas mit Hypnose kann als effektiv angesehen werden, auch was die langfristige Stabilität der Gewichtsreduktion betrifft. Die Kombination aus Hypnose und Verhaltenstherapie hat nach Kirsch et al. (1995)

besonders ausgeprägte Effekte bei der Behandlung der Adipositas gezeigt, während Allison und Faith (1996) bestenfalls eine geringfügige Effektivitätssteigerung feststellen konnten. Diese Diskrepanz lässt sich möglicherweise durch unterschiedliche Berechnungsmethoden begründen.

Für den Bereich der Schlafstörungen kann der Einsatz hypnotherapeutischer Techniken als effektiv und sinnvoll angesehen werden. Dennoch gibt es auch hier zu wenige randomisierte und kontrollierte Studien. Im Suchtbereich hat sich primär die Raucherentwöhnung mit Hypnose als erfolgreich herausgestellt, wie die Metaanalyse von Flammer und Bongartz (2003) zeigt. Hingegen können Barnes et al. (2010) die Hypnose zur Raucherentwöhnung aufgrund mangelnder Beweise in der Studienlage noch nicht empfehlen. Diese Abweichung zwischen den Ergebnissen der Metaanalysen lässt sich möglicherweise allgemein dadurch erklären, dass unterschiedliche Variablen in die verschiedenen Studien einfließen und unterschiedliche Patientengruppen vorhanden sind, die nicht immer nach einem Zufallsprinzip ausgewählt werden.

Manche Patienten nehmen vielleicht nur an einer Studie teil, weil ihre Krankenkasse die Kosten für eine Therapie nicht übernimmt. Darüber hinaus ist eine rationale Erfassung von therapeutischen Prozessen vermutlich eher begrenzt möglich, da es in Therapien vordergründig um Emotionen und Beziehungen geht. Auch ein Mangel an Zwischengruppenanalysen oder der Ausschluss statistisch relevanter Informationen kann zu Diskrepanzen zwischen den Ergebnissen führen.

In der Behandlung von Schmerzen und chronischen Schmerzen erweist sich die klinische Hypnose als wirksam. Bei Schmerzen kann sie sowohl im klinischen als auch im experimentellen Bereich als belegt angesehen werden.

Zusammenfassend zeigen die Ergebnisse dieses Buches, dass einerseits darauf geschlossen werden kann, dass die klinische Hypnose mit ihrer Vielzahl an Techniken und ihrer breiten Palette an physischen und psychischen Wirkungen ein effizientes und effektives therapeutisches Instrument bei der Behandlung von psychosomatischen Erkrankungen darstellt. Sowohl die Diagnostik als auch die Therapie kann durch die klinische Hypnose sinnvoll ergänzt werden. Andererseits wird in der Auseinandersetzung mit dem Thema deutlich, dass die Hypnose als psychotherapeutische Methode nicht für jeden Patienten geeignet ist. Dies konnte sowohl durch die Tatsache, dass es niedrigsuggestible Patienten gibt, die nicht oder nicht ausreichend auf Hypnose ansprechen, als auch anhand der Kontraindikationen und Grenzen der Hypnose dargestellt werden.

Therapeuten können hochsuggestible Patienten auf der einen Seite effektiv mit Hypnose behandeln, wodurch sich Behandlungen verkürzen und nachhaltig wirksam sind, was von

Bedeutung für die psychotherapeutische Versorgung ist. Hierbei ist jedoch zu bedenken, dass die Hypnotisierbarkeit zwar als wesentlicher Prädiktor des Behandlungserfolgs gilt, aber Montgomery et al. (2011) nur einen kleinen bis mittleren Zusammenhang zwischen der Hypnotisierbarkeit und dem Erfolg der Behandlung errechneten mit einer Varianzaufklärung von lediglich sechs Prozent.

Auf der anderen Seite gilt es in Betracht zu ziehen, dass eine Kurzzeittherapie auch ohne Hypnose wirksam sein kann. Positive Therapiewirkungen können insbesondere bei kognitiv-behavioralen Verfahren mit einer geringen Sitzungszahl erreicht werden. Hinzu kommt, dass außertherapeutischen Einflüssen und Beziehungsfaktoren ein höherer Wert beigemessen wird als therapeutischen Techniken, was den Therapieerfolg anbelangt, und es daher keine Garantie dafür gibt, dass eine eingetretene Linderung oder Heilung durch die Therapie (mit Hypnose) bzw. einzig durch die Therapie (mit Hypnose) eingetreten ist.

Zur Anwendung der klinischen Hypnose in der ambulanten psychotherapeutischen Praxis kann nicht per se plädiert werden, da es zwar einerseits Studien zur Wirksamkeit der Hypnose bei der Behandlung von psychischen Störungen gibt, aber andererseits noch Forschungsbedarf besteht, vor allem für bipolare Störungen, schizoaffektive Störungen, Zwangsstörungen, Störungen der Impulskontrolle, Persönlichkeitsstörungen, externalisierende Störungen, psychotische Störungen, Essstörungen und Schlafstörungen.

Aus den Ergebnissen dieses Buches kann daher auch geschlussfolgert werden, dass der Einsatz und die Wirksamkeit hypnotischer Techniken in der psychotherapeutischen Praxis aktuell jeweils im Einzelfall zu prüfen sind. Keine Berücksichtigung fand in diesem Buch die Anwendung der klinischen Hypnose bei Kindern und Jugendlichen, da es für den Bereich der psychischen Störungen im Kindes- und Jugendalter zu wenige randomisierte, kontrollierte Studien gibt, um die Bedeutung der klinischen Hypnose in der Behandlung von psychischen Störungen bei Kindern und Jugendlichen beurteilen zu können. Auch für diesen Bereich besteht noch Forschungsbedarf. Außerdem wurde der mögliche Nutzen der Selbsthypnose für die Psychotherapie bzw. eine erdenkliche Notwendigkeit des Übens seitens des Patienten in diesem Buch außen vor gelassen. Es liegen für diesen Bereich noch keine ausreichenden Befunde vor.

Widersprüchliche Aussagen in der Literatur fallen im Vergleich zwischen Schmidt (2006) und Hagl (2015) sowie Peter (2015d) auf. Während Schmidt angibt, dass es kaum ein Therapieverfahren gibt, das bezüglich seiner Wirksamkeit so umfangreich beforscht wurde, wie die klinische Hypnose, lässt Peter in seiner Aussage, dass zur Erlangung der Anerkennung von klinischer Hypnose für ein breiteres Indikationsspektrum in der psychotherapeutischen Versorgung noch entsprechende Studien fehlen, einen Forschungsbedarf erkennen.

Auch Hagl gibt an, dass die klinische Hypnose für die meisten psychischen Diagnosen nach Maßgabe der heutigen Klassifikation aktuell bestenfalls als möglicherweise wirksame Psychotherapie gelten kann und bisher für keine Diagnose als spezifisch wirksam.

Schmidts Aussage beruht auf den Ergebnissen aus Metaanalysen unter anderem von Revenstorf, Flammer und Bongartz. Insgesamt sind noch viele Fragen offen, was den Einsatz der klinischen Hypnose in der Psychotherapie betrifft, nicht nur hinsichtlich spezifischer Indikationsbereiche, sondern auch, was die Patientenvariablen anbelangt:

- Wie hoch sollte die Anzahl der Sitzungen in der Psychotherapie für hypnotische Interventionen, je nach Indikation, sein?
- In welcher Phase der Therapie (oder nach wie vielen Sitzungen) sollte mit hypnotischen Interventionen, je nach Indikation, begonnen werden?
- Wie lange sollte eine hypnotische Intervention, je nach Indikation, dauern?
- Wirkt Hypnose in der Gruppentherapie genauso wie im Einzelsetting (zur Hypnose in der Behandlung von Gruppen gibt es kaum aussagekräftige Studien)?
- In welcher Kombination ist Hypnose, je nach Indikation, bestmöglich einzusetzen?
- Welche Patientenvariablen wirken sich bei der Behandlung mit Hypnose positiv auf den Therapieerfolg aus?

In Ländern wie den USA oder England ist die Hypnose bereits seit Jahrzehnten fester Ausbildungsbestandteil klinischer Berufe. In Deutschland wird die professionelle Hypnoseausbildung für Psychotherapeuten lediglich als externe Ausbildung angeboten und sie stellt einen zusätzlichen Zeit- und Kostenfaktor für Therapeuten dar. Angesichts dieser Schwierigkeit stellt sich die Frage, ob es sinnvoll ist, die klinische Hypnose in Deutschland als einen festen Bestandteil der Ausbildung zum Psychotherapeuten aufzunehmen, damit eine größere Anzahl von Psychotherapeuten über die Hypnose informiert ist, diese in der psychotherapeutischen Praxis einsetzt und somit mehr Patienten mit hypnotherapeutischen Interventionen effizient und effektiv in einer Kurzzeittherapie behandelt werden und folglich von einem möglichen Nutzen der Hypnose profitieren können?

Im Hinblick auf die Problematik, dass zu wenige randomisierte und kontrollierte Studien für die Anwendung der klinischen Hypnose bei psychischen Störungen und in verschiedenen Indikationsbereichen existieren, die sich aus den Untersuchungen dieses Buches ergeben hat, ist es erforderlich, dass fortwährend über die Hypnose in Kombination mit Psychotherapie sowie über die Techniken der klinischen Hypnose und ihre Anwendungsfelder geforscht wird, damit nachgewiesen werden kann, wie gut ihre Wirksamkeit tatsächlich ist.

Insofern steht zu hoffen, dass zukünftig weitere Studien zur Wirksamkeit der Hypnose in der Psychotherapie durchgeführt werden, um zu entscheiden, ob die Hypnose zukünftig in Forschung und Lehre sowie im professionellen Anwendungsbereich der Psychotherapie etabliert und weiterentwickelt werden kann, um im Sinne einer ganzheitlichen Orientierung, aber vor allem im Sinne der Gesunderhaltung (Prävention) und gesellschaftlichen Relevanz von Psychotherapie zu wirken.

10. Literaturverzeichnis

Adachi, Tomonori/Fujino, Haruo/Nakae, Aya/Mashimo, Takashi/Sasaki, Jun (2014): A meta-analysis of hypnosis for chronic pain problems. A comparison between hypnosis, standard care, and other psychological interventions. International Journal of Clinical and Experimental Hypnosis, 62(1), S. 1-28.

Adam, Klaus-Uwe (2010): Therapeutisches Arbeiten mit Träumen. Theorie und Praxis der Traumarbeit. 2. Auflage. Heidelberg: Springer Verlag, S. 46.

Adrian, Cheri (1996): Therapist sexual feelings in hypnotherapy. Managing therapeutic boundaries in hypnotic work. International Journal of Clinical and Experimental Hypnosis, 44(1), S. 20-32.

Alladin, Assen/Alibhai, Alisha (2007): Cognitive hypnotherapy for depression. An empirical investigation. International Journal of Clinical and Experimental Hypnosis, 55(2), S. 147-166.

Allison, David B./Faith, Myles S. (1996): Hypnosis as an adjunct to cognitive-behavioral psychotherapy for obesity. A meta-analytic reappraisal. Journal of Consulting and Clinical Psychology, 64(3), S. 513-516.

Alman, Brian M./Lambrou, Peter T. (2015): Selbsthypnose. Ein Handbuch zur Selbsttherapie. 12. Auflage. Heidelberg: Carl-Auer Verlag, S. 27-28.

Alman, Brian (2015): Selbsthypnose. In: Revenstorf, Dirk/Peter, Burkhard (Hrsg.) (2015): Hypnose in Psychotherapie, Psychosomatik und Medizin. Manual für die Praxis. 3. Auflage. Heidelberg: Springer-Verlag, S. 332-341.

Andersen-Reuster, Ulrike (2007): Achtsamkeit in Psychotherapie und Psychosomatik. Haltung und Methode. Stuttgart: Schattauer GmbH, Verlag für Medizin und Naturwissenschaften, S. 1.

Araoz, Daniel L. (1993): Die Neue Hypnose. 2. Auflage. Paderborn: Junfermann Verlag, S. 60.

Auckenthaler, Anna (2012): Kurzlehrbuch Klinische Psychologie und Psychotherapie. Stuttgart: Thieme Verlag, S. 104.

Bandler, Richard/Grinder, John (1982): Reframing. Moab. Utah: Real People Press. In: Kossak, Hans-Christian (2013): Hypnose. Lehrbuch für Psychotherapeuten und Ärzte. 5. Auflage. Weinheim: Beltz Verlag, S. 145.

Barabasz, Marianne (2007): Efficacy of hypnotherapy in the treatment of eating disorders. International Journal of Clinical und Experimental Hypnosis, 53(3), S. 318-335.

Barber, Joseph (1998): When hypnosis causes trouble. International Journal of Clinical und Experimental Hypnosis, 46(2), S. 157-170.

Barber, Theodore X. (1969): Hypnosis. A scientific approach. New York: Brunner/Mazel Publishers, S. 282.

Barnow, Sven (2013): Therapie wirkt! So erleben Patienten Psychotherapie. Heidelberg: Springer-Verlag, S. 29.

Bastine, Reiner (2012): Komorbidität. Ein Anachronismus und eine Herausforderung für die Psychotherapie. In: Fiedler, Peter (2012): Die Zukunft der Psychotherapie. Wann ist endlich Schluss mit der Konkurrenz? Heidelberg: Springer-Verlag, S. 21.

Benaguid, Ghita/Schramm, Stefanie (2016): Hypnotherapie. Paderborn: Junfermann Verlag, S. 15-153.

Bertrand, Lorne D. (1989): The assesment and modification of hypnotic susceptability. In: Spanos, Nicholas P./Chaves, John F. (Hrsg.) (1989): Hypnosis. The cognitive-behavioral perspektive. Buffalo: Prometheus Books, S. 18-31.

Bettighofer, Siegfried (2016): Übertragung und Gegenübertragung im therapeutischen Prozess. Stuttgart: Kohlhammer Verlag, S. 9.

Bochter, Barbara/Hagl, Maria/Piesbergen, Christoph/Peter, Burhard (2014): Persönlichkeitsstile von Psychologiestudierenden im Vergleich zu Studierenden sogenannter MINT-Fächer. Report Psychologie, 39(4), S. 154-165.

Bongartz, Walter (2000): Deutsche Normen für die Stanford Hypnotic Susceptibility Scale: Form C (SHSS:C). Experimentelle und klinische Hypnose, 16(2), S. 123-133.

Boszormenyi-Nagy, Ivan/Spark, Geraldine M. (2006): Unsichtbare Bindungen. Die Dynamik familiärer Systeme. 8. Auflage. Stuttgart: Klett-Cotta Verlag, S. 42-84.

Braun, Bennet G. (1986): Issues in the psychotherapy of multiple personality disorder. In: Braun, Bennet G. (Hrsg.) (1986): The Treatment of Multiple Personality Disorder. Washington: American Psychiatric Publishing, S. 1-28.

Brisch, Karl Heinz (2012): Bindungstheorie. In: Adler, Rolf H./Herzog, Wolfgang/Joraschky, Peter/Köhle, Karl/Langewitz, Wolf/Söllner, Wolfgang/Wesiack, Wolfgang (Hrsg.) (2012): Uexküll. Psychosomatische Medizin. Theoretische Modelle und klinische Praxis. 7. Auflage. München: Urban & Fischer Verlag, S. 134.

Brown, Daniel P./Fromm, Erika (1986): Hypnotherapy and hypnoanalysis. Hillsdale, New Jersey: Lawrence Erlbaum Associates. In: Kossak, Hans-Christian (2013): Hypnose. Lehrbuch für Psychotherapeuten und Ärzte. 5. Auflage. Weinheim: Beltz Verlag, S. 291.

Bryant, Richard A./Hung, Lynette (2013): Oxytocin Enhances Social Persuasion during Hypnosis. PLos One, 8(4), e60711.

Bühring, Petra (2003): Grenzverletzungen in der Psychotherapie. Tabuisierung fördert die Täter. Deutsches Ärzteblatt PP 2, 1, S. 20-23.

Butcher, James N./Mineka, Susan/Hooley, Jill M. (2009): Klinische Psychologie. 13. Auflage. Hallbergmoos: Pearson Studium, S. 62.

Cardeña, Etzel/Kallio, Sakari/Terhune, Devin B./Buratti, Sandra/Loof Angelica (2007): The effects of translation and sex on hypnotizability testing. Contemporary Hypnosis, 24(4), S. 154-160.

Cerezuela, Gemma Pastor/Tejero, Pilar/Chóliz, Mariano/Chrisvert, Mauricio/Monteagudo, Maria J. (2004): Wertheim's hypothesis on „highway hypnosis". Empirical evidence from a study on motorway and conventional road driving. Accident Analysis Review, 36(6), S. 1045-1054.

Christensen, Ciara C. (2005): Preferences for Descriptors of Hypnosis. A Brief Communication. International Journal of Clinical and Experimental Hypnosis, 53(3), S. 281-289.

Clarkin, John F./Yeomans, Frank E./Kernberg, Otto F. (2008): Psychotherapie der Borderline-Persönlichkeit. Manual zur psychodynamischen Therapie. Stuttgart: Schattauer GmbH, Verlag für Medizin und Naturwissenschaften, S. 62-64.

Coelho, Helen F./Canter, Peter H./Ernst, Edzard (2007): The effectiveness of hypnosis for the treatment of anxiety: A systematic review. Primary Care and Community Psychiatry, 12(2), S. 49-63.

Crasilneck, Harold B./Hall, James A. (1985): Clinical hypnosis. Principles and applications. 2. Auflage. New York: Grune & Stratton.

Crawford, Helen J. (1996): Cerebral brain dynamics of mental imaginery. Evidence and issues for hypnosis. In: Kunzendorf, Robert G./Spanos, Nicholas P./Wallace, Benjamin (1996) (Hrsg.): Hypnosis and Imagination. Amityville: Baywood Publishing Company, S. 253-282.

Crawford, Helen J./Gruzelier, John H. (1992): A midstream, view of the neuropsychophysiology of hypnosis. Recent research and future direction. In: Fromm, Erika/Nash, Michael R. (Hrsg.) (1992): Contemporary hypnosis research. New York: Guilford Press, S. 227-266.

Daitch, Carolyn (2016): Affektregulation. Hypnotherapeutische Interventionen für überreaktive Klienten. Heidelberg: Carl-Auer Verlag, S. 69-72.

De Benedittis, Giuseppe (2015): Neural mechanisms of hypnosis and meditation. Journal of Physiology, Paris, 109(4-6), S. 152-164.

DePascalis, Vilfredo/Magurano, Maria R./Bellusci, Anna/Chen, Andrew C. N. (2001): Somatosensory event-related potential and autonomic acticity to varying pain reduction cognitive strategies in hypnosis. Clinical Neurophysiology, 112(8), S. 1475-1478.

DePascalis, Vilfredo (1999): Psychophysiological correlates of hypnosis and hypnotic susceptibility. International Journal of Clinical and Experimental Hypnosis, 47(2), S. 117-143.

DePascalis, Vilfredo/Perrone, Maria (1996): EEG asymmetry and heart rate during experience of hypnotic analgesia in high and low hypnotizables. International Journal of Psychophysiology, 21, S. 163-175.

DePascalis, Vilfredo/Penna, Maria P. (1990): 40 Hz EEG activity during hypnotic induction and hypnotic testing. International Journal of Clinical and Experimental Hypnosis, 38(2), S. 125-138.

Dreyfus, Stuart E. (2004): The Five-Stage Model of Adultf Skill Acquisition. Bullentin of Science, Technology & Society, 24(4), S. 177-181.

Diamond, Michael J. (1988): Accessing archaic involvement. Toward unraveling the mystery of Erickson's hypnosis. International Journal of Clinical and Experimental Hypnosis, 36, S. 141-156.

Diamond, Michael J. (1972): The use of observationally presented information to modify hypnotic susceptability. Journal of Abnormal Psychology, 79, S. 174-180.

Diehl, Rolf R. (1996): Funktionelle Dopplersonographie in der Neurologie. Heidelberg: Springer-Verlag, S. 161.

Drever, James/Fröhlich, Werner (2011): Wörterbuch zur Psychologie. 27. Auflage. München: dtv Verlag, S. 399.

Eckert, Jochen (2010): Aufgaben und Ziele klinisch-psychologischer Erstgespräche. In: Eckert, Jochen/Barnow, Sven/Richter, Rainer (Hrsg.) (2010): Das Erstgespräch in der Klinischen Psychologie. Diagnostik und Indikation in der Psychotherapie. Bern: Verlag Hans Huber, Hogrefe AG, S. 17.

Edmonston, William/Moscovitz, Harry C. (1990): Hypnosis and lateralized brain functions. International Journal of Clinical and Experimental Hypnosis, 38(1), S. 70-84.

Erickson, Milton H./Rossi, Ernest L./Rossi, Sheila L. (2016): Hypnose. Induktion, Therapeutische Anwendung, Beispiele. 9. Auflage. Stuttgart: Klett-Cotta Verlag, S. 14-41.

Erickson, Milton H./Rossi, Ernest L. (2015a): Hypnose erleben. Veränderte Bewusstseinszustände therapeutisch nutzen. 3. Auflage. Stuttgart: Klett-Cotta Verlag, S. 31-283.

Erickson, Milton H./Rossi, Ernest L. (2015b): Gesammelte Schriften von Milton H. Erickson. Band 2. Indirekte Suggestion und Gefahren der Hypnose. Heidelberg: Carl-Auer-Systeme, S. 105-138.

Erickson, Milton H./Rossi, Ernest L. (2013): Hypnotherapie. Aufbau - Beispiele - Forschungen. 11. Auflage. Stuttgart: Klett-Cotta Verlag, S. 14-80.

Erickson, Milton H./Rossi, Ernest L. (1980): Gesammelte Schriften von Milton H. Erickson. Band 6. Innovative Hypnotherapie II. Heidelberg: Carl-Auer-Systeme, S. 301- 323.

Ermann, Michael (2016): Psychotherapie und Psychosomatik. Ein Lehrbuch auf psychoanalytischer Grundlage. 6. Auflage. Stuttgart: Kohlhammer Verlag, S. 36-39.

Facco, Enrico (2017): Meditation and Hypnosis. Two Sides of the Same Coin?. International Journal of Clinical and Experimental Hypnosis, 65(2), S. 169-188.

Farah, Martha J./Weisberg, Lauren L./Monheit, Mark/Peronnet, Franck (1990): Brain Activity Underlying Mental Imagery. Event-related Potentials During Mental Image Generation. Journal of Cognitive Neuroscience, 1(4), S. 302-316.

Fenn, Nadine/Riegel, Björn (2013): Wirksamkeit hypnotherapeutischer Gruppenbehandlungen. Ein systematisches Literaturreview. Hypnose – Zeitschrift für Hypnose und Hypnotherapie (Hypnose-ZHH), 8(1+2), S. 103-117.

Ferenczi, Sándor (1910): Introjektion und Übertragung. Eine psychoanalytische Studie. Sonderabdruck aus dem Jahrbuch für psychoanalytische und psychopathologische Forschungen, I. Band. Leipzig & Wien: Franz Deuticke.

Fiedler, Peter (2008): Dissoziative Störungen. In: Margraf, Jürgen/Schneider, Silvia (Hrsg.) (2008): Lehrbuch der Verhaltenstherapie. Band 2. Störungen im Erwachsenenalter - Spezielle Indikationen - Glossar. 3. Auflage. Heidelberg: Springer-Verlag, S. 490.

Flammer, Erich/Alladin, Assen (2007): The efficacy of hypnotherapy in the treatment of psychosomatic disorders. Meta-analytical evidence. International Journal of Clinical and Experimental Hypnosis, 55, S. 251-274.

Flammer, Erich (2006): Die Wirksamkeit von Hypnotherapie bei Angststörungen. Hypnose – Zeitschrift für Hypnose und Hypnotherapie (Hypnose-ZHH), 1(1+2), S. 173-198.

Flammer, Erich/Bongartz, Walter (2003): On the efficacy of hypnosis. A meta-analytic study. Contemporary Hypnosis, 20(4), S. 179-197.

Fliegel, Steffen/von Schlippe, Arist (2005): Handeln auf den Grenzlinien der Psychotherapie. PiD - Psychotherapie im Dialog, 6(2), S. 127.

Francesconi, Hedwig/Francesconi, Mario (1984): Augenbewegungen und funktionale Spezialisierung der Zentralhemisphären bei Normalprobanden. Zeitschrift für Klinische Psychologie, 13(2), S. 111-123.

Freud, Sigmund/Breuer, Josef (1895): Studien über Hysterie. In: Freud, Sigmund/Breuer, Josef (1991): Studien über Hysterie. Frankfurt am Main: Fischer Verlag.

Fromm, Erika/Nash, Michael (1997): Psychoanalysis and Hypnosis. Madison CT: International Universities Press, S. 19-20.

Fromm, Erika/Nash, Michael (1996): Psychoanalysis and Hypnoanalysis. New York: International Universities Press, S. 142. In: Margraf, Jürgen/Schneider, Silvia (Hrsg.) (2009): Lehrbuch der Verhaltenstherapie. Band 1. Grundlagen, Diagnostik, Verfahren, Rahmenbedingungen. 3. Auflage. Heidelberg: Springer-Verlag, S. 546.

Gheorghiu, Vladimir A. (1996): Die adaptive Funktion suggestionaler Phänomene. Zum Stellenwert suggestionsbedingter Einflüsse. Hypnose und Kognition, 13(1+2), S. 125-146. In: Benaguid, Ghita/Schramm, Stefanie (2016): Hypnotherapie. Paderborn: Junfermann Verlag, S. 18.

Gilligan, Stephen G. (2008): Therapeutische Trance. 5. Auflage. Heidelberg: Carl-Auer Verlag, S. 15-129.

Gold, Jeffrey I./Kant, Alexis J./Belmont, Katharine A./Butler, Lisa D. (2007): Practitioner review. Clinical applications of pediatric hypnosis. Journal of Child Psychology and Psychiatry and Allied Disciplines, 48(8), S. 744-754.

Gößling, Heinz-Wilhelm (2013): Hypnose für Aufgeweckte. Hypnotherapie bei Schlafstörungen. Heidelberg: Carl-Auer Verlag, S. 26.

Grawe, Klaus (2000): Psychologische Therapie. Göttingen: Hogrefe Verlag, S. 691-692.

Grawe, Klaus/Donati, Ruth/Bernauer, Friederike (1994): Psychotherapie im Wandel. Von der Konfession zur Profession. 5. Auflage. Göttingen: Hogrefe Verlag, S. 634-696.

Gur, Ruben/Reyher, Joseph (1973): Relationship beetween style of hypnotic induction and direction of lateral eye movements. Journal of Abnormal Psychology, 83, S. 499-505.

Halsband, Ulrike (2015): Neurobiologie der Hypnose. In: Revenstorf, Dirk/Peter, Burkhard (Hrsg.) (2015): Hypnose in Psychotherapie, Psychosomatik und Medizin. Manual für die Praxis. 3. Auflage. Heidelberg: Springer-Verlag, S. 796-813.

Halsband, Ulrike/Herfort, Antonia (2007): Neurobiologische Grundlagen der medizinischen Hypnose. In: Schulz-Stübner, Sebastian (Hrsg.) (2007): Medizinische Hypnose. Grundlagen und Behandlungstechnik. Stuttgart: Schattauer GmbH, Verlag für Medizin und Naturwissenschaften, S. 8-9.

Haggard, Patrick/Cartledge, Peter/Dafydd, Meilyr/Oakley, David A. (2004): Anomalous control. When „free-will" is not conscious. Consciousness and Cognition, 13(3), S. 646-654.

Hagl, Maria (2015): Wirksamkeit von klinischer Hypnose und Hypnotherapie. In: Revenstorf, Dirk/Peter, Burkhard (Hrsg.) (2015): Hypnose in Psychotherapie, Psychosomatik und Medizin. Manual für die Praxis. 3. Auflage. Heidelberg: Springer-Verlag, S. 789-792.

Hain, Peter (2015): Humor und Hypnotherapie. In: Revenstorf, Dirk/Peter, Burkhard (Hrsg.) (2015): Hypnose in Psychotherapie, Psychosomatik und Medizin. Manual für die Praxis. 3. Auflage. Heidelberg: Springer-Verlag, S. 168-170.

Hain, Peter (2013): Das Geheimnis therapeutischer Wirkung. Heidelberg: Carl-Auer-Systeme, S. 151-152.

Hall, James A. (1989): Hypnosis. A Jungian Perspective. New York: Guilford Press, S. 9-37.

Halsband, Ulrike/Hinterberger, Thilo (2010): Veränderungen der Plastizität im Gehirn unter Hypnose. Hypnose – Zeitschrift für Hypnose und Hypnotherapie (Hypnose-ZHH), 50(1+2), S. 33-55.

Hammond, D. Corydon (Hrsg.) (1990): Handbook of Hypnotic Suggestions and Metaphors. New York: W W Norton & Company, S. 11-44.

Harrer, Michael E./Weiss, Halko (2015): Wirkfaktoren der Achtsamkeit – wie sie die Psychotherapie verändern und bereichern. Stuttgart: Schattauer GmbH, Verlag für Medizin und Naturwissenschaften, S. 30-31.

Hayley, Jay (2010): Die Psychotherapie Milton H. Ericksons. 8. Auflage. Stuttgart: Klett-Cotta Verlag, S. 19.

Heidenreich, Thomas/Michalak, Johannes (2009): Achtsamkeit. In: Margraf, Jürgen/Schneider, Silvia (Hrsg.) (2009): Lehrbuch der Verhaltenstherapie. Band 2. Störungen im Erwachsenenalter - Spezielle Indikationen - Glossar. 3. Auflage. Heidelberg: Springer-Verlag, S. 569-578.

Heidenreich, Thomas/Michalak, Johannes (2006): Achtsamkeit und Akzeptanz als Prinzipien in der Psychotherapie. PiD - Psychotherapie im Dialog, 7(3), S. 235-240.

Heimsoeth, Antje (2015): Chefsache Kopf. Mit mentaler und emotionaler Stärke zu mehr Führungskompetenz. Heidelberg: Springer Gabler Verlag, S. 138.

Hilgard, Ernest R. (1989): Eine Neo-Dissoziationstheorie des geteilten Beobachters. Hypnose und Kognition, 6(2), S. 3-22.

Hilgard, Ernest R. (1984): The hidden observer and multiple personality. International Journal of Clinical and Experimental Hypnosis, 32, S. 248-253.

Hilgard, Ernest R. (1974): Toward a neodissociation theory. Multiple cognitive controls in human functioning. Perspectives in Biology and Medicine, 17, S. 301-316.

Hilgard, Ernest R. (1969): Altered states of awareness. Journal of Nervous and Mental Disease, 149, S. 68-79.

Hinterberger, Thilo/Schöner, Julian/Halsband, Ulrike (2011): Analysis of electrophysiological state patterns and changes during hypnosis induction. International Journal of Clinical and Experimental Hypnosis, 59(2), S. 165-179.

Hoencamp, Erik (1990): Sexual abuse and the abuse of hypnosis in the therapeutic relationship. International Journal of Clinical and Experimental Hypnosis, 38(4), S. 283-297.

Hutterer-Kirsch, Renate (2007): Grundriss der Psychotherapieethik. Praxisrelevanz, Behandlungsfehler und Wirksamkeit. Wien: Springer-Verlag, S. 220-380.

Huynh, Melanie E./Vandvik, Inger H./Diseth, Trond H. (2008): Hypnotherapy in child psychiatry. The state of the art. Clinical Child Psychology and Psychiatry, 13(3), S. 377-393.

Isotani, Toshiaki/Lehmann, Dietrich/Pascual-Marqui, Roberto D./Kochi, Kieko/Wackermann, Jiri/Saito, Naomi/Yagyu, Takami/Kinoshita, Toshihiko/Sasada, Kyohei (2001): EEG source localization and global dimensional complexity in high- and low-hypnotizable subjects. A pilot study. Neuropsychobiology, 44(4), S. 192-198.

Jacob, Gitta A./Lieb, Klaus/Arntz, Arnoud (2011): Schematherapie bei Borderline-Persönlichkeitsstörung. In: Dulz, Birger/Herpertz, Sabine C./Kernberg, Otto F./Sachsse, Ulrich (Hrsg.) (2011): Handbuch der Borderline-Störungen. 2. Auflage. Stuttgart: Schattauer GmbH, Verlag für Medizin und Naturwissenschaften, S. 646.

Jacobs, Stefan/Bosse-Dülker, Ines (2009): Verhaltenstherapeutische Hypnose bei chronischem Schmerz. Ein Kurzprogramm zur Behandlung chronischer Schmerzen. 2. Auflage. Göttingen: Hogrefe Verlag, S. 27-100.

James, Tad/Flores, Lorraine/Schober, Jack (2017): Kompaktkurs Hypnose. Wie man Phänomene tiefer Trance hervorruft. Ein umfassender Leitfaden. 3. Auflage. Paderborn: Junfermann Verlag, S. 49.

Janet, Pierre-Marie (1989): Les actes inconscients et la memoire pendant le somnambulisme. Revue Philosophique, 25, S. 238-279. In: Kossak, Hans-Christian (2013): Hypnose. Lehrbuch für Psychotherapeuten und Ärzte. 5. Auflage. Weinheim: Beltz Verlag, S. 56-57.

Janet, Pierre-Marie (1925): Psychological healing. A historical and clinical study. New York: Crowell-Colliert and Macmilan Inc. In: Kossak, Hans-Christian (2013): Hypnose. Lehrbuch für Psychotherapeuten und Ärzte. 5. Auflage. Weinheim: Beltz Verlag, S. 56.

Jasiukaitis, Paul/Nouriani, Brita/Hugdahl, Kenneth/Spiegel, David (1997): Lateralizing hypnosis. Or, have we been barking up the wrong hemisphere? International Journal of Clinical and Experimental Hypnosis, 45(1), S. 158-177.

Jensen, Mark P. (2015): Hypnose bei chronischem Schmerz. Ein Behandlungsmanual. 2. Auflage. Heidelberg: Carl-Auer Verlag, S. 31-63.

Joraschky, Peter/Petrowski, Katja (2008): Die therapeutische Beziehung und die Bindungsorganisation des Therapeuten. In: Franz, Matthias/Frommer, Jörg (Hrsg.) (2008): Medizin und Beziehung. Göttingen: Vandenhoeck & Ruprecht, S. 354.

Kaiser Rekkas, Agnes (2016a): Im Atelier der Hypnose. Entwurf, Technik, Therapieverlauf. 4. Auflage. Heidelberg: Carl-Auer Verlag, S. 11-290.

Kaiser Rekkas, Agnes (2016b): Der Bär fängt wieder Lachse. Ideomotorische Arbeit in klinischer Hypnose und Hypnotherapie. 2. Auflage. Heidelberg: Carl-Auer Verlag, S. 10.

Kaiser Rekkas, Agnes (2015): Vollmond am Strand. Hypnotische Sprache in 70 Tranceanleitungen. Heidelberg: Carl-Auer Verlag, S. 29.

Kaiser Rekkas, Agnes (2014): Die Fee, das Tier und der Freund. Hypnotherapie in der Psychosomatik. 4. Auflage. Heidelberg: Carl-Auer Verlag, S. 28.

Kaiser Rekkas, Agnes (Hrsg.) (2013a): Wie man ein Krokodil fängt, ohne es zu verletzen. Innovative Hypnotherapie. 2. Auflage. Heidelberg: Carl-Auer Verlag, S. 214.

Kaiser Rekkas, Agnes (2013b): Klinische Hypnose und Hypnotherapie. Praxisbezogenes Lehrbuch für die Ausbildung. 6. Auflage. Heidelberg: Carl-Auer Verlag, S. 22-245.

Kihlstrom, John F. (1985): Hypnosis. Annual Review of Psychology, 36, S. 385.

Kirsch, Irving/Lynn, Steven J./Rhue, Judith W. (2001): Introduction to clinical hypnosis. In: Lynn, Steven J./Rhue, Judith W./Kirsch, Irving (Hrsg.) (2001): Handbook of clinical hypnosis. Washington: American Psychological Association, S. 3-22.

Kirsch, Irving (2001): The response theory of hypnosis. Expectancy and physiology. American Journal of Clinical Hypnosis, 44(1), S. 69-73.

Kirsch, Irving/Braffman, Wayne (1999): Correlates of hypnotizability. The first empirical study. Contemporary Hypnosis, 16(4), S. 224-230.

Kirsch, Irving (1996): Hypnotic enhancement of cognitive-behavioral weight loss treatments-another meta-reanalysis. Journal of Consulting and Clinical Psychology, 64(3), S. 517-519.

Kirsch, Irving/Montgomery, Guy/Sapirstein, Guy (1995): Hypnosis as an adjunct to cognitive behavioral psychotherapy. A meta-analysis. Journal of Consulting and Clinical Psychology, 63, S. 214-220.

Kirsch, Irving/Council, James R. (1992): Situational and personality correlates of hypnotic susceptibility. In: Fromm, Erika/Nash, Michael R. (Hrsg.) (1992): Contemporary hypnosis research. New York: Guilford Press, S. 267-291.

Klein, Angela (2015): Paartherapie als Chance. Beziehungskonflikte verstehen, Krisen bewältigen. Hamburg: Diplomica Verlag, S. 77-79.

Klumpp, Ursula (2006): Die vier Wege der Heilung und Förderung in der Arbeit mit drogenabhängigen Frauen und Männern am Beispiel der Drogenrehabilitationseinrichtung Aebi-Hus/Maison Blanche, Schweiz. In: Petzold, Hilarion G./Schay, Peter/Scheiblich, Wolfgang (Hrsg.) (2006): Integrative Suchtarbeit 2. Innovative Modelle, Praxisstrategien und Evaluation. Wiesbaden: VS Verlag für Sozialwissenschaften, S. 303.

Köllner, Volker/Wilms, Bettina (2014): PiD - Psychotherapie im Dialog. Sexuelle Traumatisierung. Stuttgart: Thieme Verlag, S. 52.

Köllner, Volker/Margraf, Jürgen (2012): Interview. In: Stein, Barbara/Köllner, Volker (Hrsg.) (2012): PiD - Psychotherapie im Dialog. Kurzzeittherapie. Stuttgart: Thieme Verlag, S. 84-90.

Körner, Jürgen (2015): Die Deutung in der Psychoanalyse. Stuttgart: Kohlhammer Verlag, S. 73-86.

Kossak, Hans-Christian (2013): Hypnose. Lehrbuch für Psychotherapeuten und Ärzte. 5. Auflage. Weinheim: Beltz Verlag, S. 16-290.

Kossak, Hans-Christian (2004): Hypnose. In: Linden, Michael/Hautzinger, Martin (Hrsg.) (2004): Verhaltenstherapiemanual. 4. Auflage. Heidelberg: Springer-Verlag, S. 202-207.

Kossak, Hans-Christian/Zehner, Gisela (2001): Hypnose beim Kinder-Zahnarzt. Verhaltensführung und Kommunikation. Heidelberg: Springer-Verlag, S. 38.

Kosslyn, Stephen M./Thompson, William L./Constantini-Ferrando, Maria F./Alpert, Nathaniel M./Spiegel, David (2000): Hypnotic visual illusion alters color processing in the brain. American Journal of Psychiatry, 157(8), S. 1279-1284.

Krause, Clemens/Riegel, Björn (2015): Hypnotisierbarkeit, Suggestibilität und Trancetiefe. In: Revenstorf, Dirk/Peter, Burkhard (Hrsg.) (2015): Hypnose in Psychotherapie, Psychosomatik und Medizin. Manual für die Praxis. 3. Auflage. Heidelberg: Springer-Verlag, S. 114-120.

Kronfeld, Arthur (2013): Psychotherapie. Charakterlehre · Psychoanalyse · Hypnose · Psychagogik. Heidelberg: Springer-Verlag, S. 246.

Krutiak, Harald (2015): Immunerkrankungen. In: Revenstorf, Dirk/Peter, Burkhard (Hrsg.) (2015): Hypnose in Psychotherapie, Psychosomatik und Medizin. Manual für die Praxis. 3. Auflage. Heidelberg: Springer-Verlag, S. 688-696.

Lambert, Michael J./Barley, Dean E. (2001): Research summary on the therapeutic relationship and psychotherapy outcome. Psychotherapy. Theory, Rerearch, Practice, Training, 38(4), S. 357-361.

Lammers, Claas-Hinrich (2014): Psychotherapie narzisstisch gestörter Patienten. Ein verhaltenstherapeutisch orientierter Therapieansatz. Stuttgart: Schattauer GmbH, Verlag für Medizin und Naturwissenschaften, S. 171.

Laux, Gerd (2005): Psychotherapie. In: Braun-Scharm, Hellmuth/Möller, Hans-Jürgen (Hrsg.) (2005): Psychiatrie und Psychotherapie. 3. Auflage. Stuttgart: Thieme Verlag, S. 515.

Lazar, Billie S./Dempster, Clifford R. (1981): Failures in hypnosis an hypnotherapie. A review. American Journal of Clinical Hypnosis, 24(1), S. 48-54.

Leichsenring, Falk/Rabung, Sven (2008): Effectiveness of long-term psychodynamic psychotherapy. A meta-analysis. The Journal of the American Medical Association (JAMA), 300(13), S. 1551-1565.

Levin, Raz/Heresco-Levy, Uriel/Edelman, Shany (2011): Hypnotizability and sensorimotor garing. A dopaminergic mechanism of hypnosis. International Journal of Clinical and Experimental Hypnosis, 59(4), S. 399-405.

Liebecke, Ernst (2012): Praktisches Lehrbuch der Hypnose und Suggestion. Nachdruck des Originals von 1912. Paderborn: Sarastro Verlag, S. 5.

Lohmer, Mathias/Wernz, Corinna (2015): Psychotherapeuten und Macht. In: Kernberg, Otto F./Dulz, Birger/Eckert, Jochen (Hrsg.) (2015): Wir: Psychotherapeuten über sich und ihren »unmöglichen« Beruf. 3. Nachdruck 2015 der Sonderausgabe 2013. Stuttgart: Schattauer GmbH, Verlag für Medizin und Naturwissenschaften, S. 293-294.

Lynn, Steven J./Boycheva, Elza/Barnes, Sean (2008): To assess or not assess suggestibility? That is the question. American Jorunal of Clinical Hypnosis, 51(2), S. 151-165.

Lynn, Steven J./Weekes, John R./Neufeld, Victor/Zivney, Olivia/Brentar, John/Weiss, Felicia (1999): Interpersonal Climate and Hypsnotizability Level. Effects on Hypnotic. Performance, Rapport, and Archaic Involvement. Journal of Personality and Social Psychology, 60(5), S. 739-743.

Macdonald, Kai/Feifel, David (2013): Helping oxytocin deliver: considerations in the development of oxytocin-based therapeutics for brain disorders. Frontiers in Neuroscience, 7, S. 35.

Mahr, Christoph (2015): Ressourcenaktivierung mit Hypnotherapie. Praktischer Einsatz auf den Spuren Milton H. Ericksons. Heidelberg: Springer-Verlag, S. 15.

Margraf, Jürgen (2009): Hintergründe und Entwicklung. In: Margraf, Jürgen/Schneider, Silvia (Hrsg.) (2009): Lehrbuch der Verhaltenstherapie. Band 1. Grundlagen, Diagnostik, Verfahren, Rahmenbedingungen. 3. Auflage. Heidelberg: Springer-Verlag, S. 5-6.

Mayer, Ludwig (1980): Die Technik der Hypnose. Praktische Anleitung für Ärzte und Studierende Taschenbuch. 8. Auflage. München: J.F. Bergmann-Verlag, S. 5.

McCord, Hallack (1956): Hypnosis as an aid to the teaching of a severely mentally retarded teenage boy. International Journal of Clinical Hypnosis, 21(4), S. 21-23.

Meiss, Ortwin (2016): Hypnosystemische Therapie bei Depression und Burnout. 2. Auflage. Heidelberg: Carl-Auer Verlag, S. 87.

Meiss, Ortwin (2015): Kontext und Wirkung von Suggestionen. In: Revenstorf, Dirk/Peter, Burkhard (Hrsg.) (2015): Hypnose in Psychotherapie, Psychosomatik und Medizin. Manual für die Praxis. 3. Auflage. Heidelberg: Springer-Verlag, S. 102-111.

Milling, Leonard S./Coursen, Elizabeth L./Shores, Jessica S./Waszkiewicz, Jolata A. (2010): The predictive utility of hypnotizability. The change in suggestibility producted by hypnosis. Journal of Consulting and Clinical Psychology, 78(1), S. 126-130.

Montgomery, Guy H./Schnur, Julie B./David, Daniel (2011): The impact of hypnotic suggestibility in clinical care settings. International Journal of Clinical and Experimental Hypnosis, 59(3), S. 294-309.

Morgan, Arlene H./Johnson, David L./Hilgard, Ernest R. (1974): The stability of hypnotic susceptability. A longitudinal study. International Journal of Clinical and Experimental Hypnosis, 22, S. 249-257.

Morgan, Arlene H./Hilgard, Ernest R. (1973): Age differences in susceptibility to hypnosis. International Journal of Clinical and Experimental Hypnosis, 21, S. 78-85.

Morschitzky, Hans (2006): Psychotherapie Ratgeber. Ein Wegweiser zur seelischen Gesundheit. Wien: Springer-Verlag, S. 1-196.

Morschitzky, Hans (1998): Angststörungen: Diagnostik, Erklärungsmodelle, Therapie und Selbsthilfe bei krankhafter Angst. Wien: Springer-Verlag, S. 267.

Müller, Arno/Stickel, Christian (2010): Das Tor zur Trance. Theorie und Praxis der Hypnotherapie. Paderborn: Junfermann Verlag, S. 13-47.

Müller-Ebert, Johanna (2005): Vom Trennen. Herausforderungen beim Beenden von Therapien. PiD - Psychotherapie im Dialog, 6(2), S. 150-156.

Müller-Ebert, Johanna (2001): Trennungskompetenz – Die Kunst, Psychotherapien zu beenden. Stuttgart: Klett-Cotta Verlag, S. 25-58.

Muffler, Elvira (2015): Grundlagen hypnosystemischer Kommunikation und ihre Anwendung in der Psychoonkologie. In: Muffler, Elvira (Hrsg.) (2015): Kommunikation in der Psychoonkologie. Der hypnosystemische Ansatz. Heidelberg: Carl-Auer Verlag, S. 35-36.

Multmeier, Jan/Tenckhoff, Bernhard (2014): Psychotherapeutische Versorgung. Autonomere Therapieplanung kann Wartezeiten abbauen. Deutsches Ärzteblatt, 111(11), S. A439-A440.

Naish, Peter L. (2010): Hypnosis and hemispheric asymmetry. Consciousness and Cognition, 19(1), S. 230-234.

Nash, Mike R./Barnier, Amanda (Hrsg.) (2008): The oxford handbook of hypnosis. New York: Oxford University Press, S. 111-277.

Nemeskeri, Nora/Stumm, Gerhard (2014): Erstgespräch, Vereinbarungen, Rahmenbedingungen und Therapieende. In: Stumm, Gerhard/Keil, Wolfgang W. (Hrsg.) (2014): Praxis der Personzentrierten Psychotherapie. Wien: Springer-Verlag, S. 314-316.

Nestoriuc, Yvonne/Berking, Matthias/Rief, Winfried (2012): Psychotherapieforschung. In: Berking, Matthias/Rief, Winfried (Hrsg.) (2012): Klinische Psychologie und Psychotherapie für Bachelor. Band II. Therapieverfahren. Heidelberg: Springer-Verlag, S. 172.

Niemeyer, Tilman (2014): Kleiner Psychotherapieführer. Grundlagen und Methoden. Praktischer Wegweiser zur geeigneten Therapie. Paderborn: Junfermann Verlag, S. 27.

Nitzschke, Bernd (2010): Einleitung: Sigmund Freud – Leben und Wert. In: Nitzschke, Bernd (Hrsg.) (2010): Die Psychoanalyse Sigmund Freuds. Konzepte und Begriffe. Wiesbaden: VS Verlag für Sozialwissenschaften, S. 22.

Noyon, Alexander (2011): Aspekte der Klinischen Psychologie. Sexueller Missbrauch in Beratungskontexten. In: Baldus, Marion (Hrsg.) (2011): Sexueller Missbrauch in pädagogischen Kontexten. Faktoren. Interventionen. Perspektiven. Wiesbaden: VS Verlag für Sozialwissenschaften, S. 171.

Orlinsky, David E./Grawe, Klaus/Parks, Barbara K. (1994): Process and outcome in psychotherapy. In: Garfield, Sol L./Bergin, Allen E. (Hrsg.) (1994): Handbook of psychotherapy and behavior change. 4. Auflage. New York: Wiley, S. 270-276.

Orne, Martin T. (1979): On the simulating subject as a quasi-control group in hypnosis research. What, why, and how. In: Fromm, Erika/Shor, Ronald E. (Hrsg.) (2009): Hypnosis. Developments in Research and New Perspectives. New Jersey: Aldine Transaction, S. 21-63.

O'Toole, Siobhan/Solomon, Shelby L./Bergdahl, Stephen A. (2016): A Meta-Analysis of Hypnotherapeutic Techniques in the Treatment of PTSD Symptoms. Journal of Traumatic Stress, 29(1), S. 97-100.

Peter, Burkhard (2015a): Einführung in die Hypnotherapie. 3. Auflage. Heidelberg: Carl-Auer Verlag, S. 7-107.

Peter, Burkhard (2015b): Hypnose und die Konstruktion von Wirklichkeit. In: Revenstorf, Dirk/Peter, Burkhard (Hrsg.) (2015): Hypnose in Psychotherapie, Psychosomatik und Medizin. Manual für die Praxis. 3. Auflage. Heidelberg: Springer-Verlag, S. 37-44.

Peter, Burkhard (2015c): Ideomotorische Hypnoserituale. In: Revenstorf, Dirk/Peter, Burkhard (Hrsg.) (2015): Hypnose in Psychotherapie, Psychosomatik und Medizin. Manual für die Praxis. 3. Auflage. Heidelberg: Springer-Verlag, S. 176-185.

Peter, Burkhard (2015d): Geschichte der Hypnose in Deutschland. In: Revenstorf, Dirk/Peter, Burkhard (Hrsg.) (2015): Hypnose in Psychotherapie, Psychosomatik und Medizin. Manual für die Praxis. 3. Auflage. Heidelberg: Springer-Verlag, S. 818-845.

Peter, Burkhard/Bose, Christina/Piesbergen, Christoph/Hagl, Maria/Revenstorf, Dirk (2012): Persönlichkeitsprofile deutschsprachiger Anwender von Hypnose und Hypnotherapie. Hypnose – Zeitschrift für Hypnose und Hypnotherapie (Hypnose-ZHH), 7(1+2), S. 31-59.

Peter, Burkhard (2008): Wie Hypnose im Gehirn Wirklichkeit schafft. Zur Rolle der hypnotischen Trance in der Psychotherapie. Hypnose – Zeitschrift für Hypnose und Hypnotherapie (Hypnose-ZHH), 3(1+2), S. 127-148.

Peter, Burkhard (2005): Hypnose und Hypnotherapie. PiD - Psychotherapie im Dialog, 6(1), S. 34-39.

Peter, Burkhard (2004): Hypnose. In: Basler, Heinz-Dieter/Kröner-Herwig, Birgit/Franz, Carmen/Rehfisch, Hans P. (Hrsg.) (2004): Psychologische Schmerztherapie. 5. Auflage. Heidelberg: Springer-Verlag, S. 568.

Peter, Burkhard (1998): Hypnotherapie. In: Kraiker, Christoph/Peter, Burkhard (Hrsg.) (1998): Psychotherapieführer. Wege zur seelischen Gesundheit. 5. Auflage. München: C.H. Beck Verlag, S. 149-167.

Peter, Burkhard (1987): Milton H. Ericksons Weg der Hypnose. In: Experimentelle und klinische Hypnose, 2, S. 129–141.

Petzold, Hilarion (Hrsg.) (1980): Die Rolle des Therapeuten und die therapeutische Beziehung. Paderborn: Junfermann Verlag, S. 7-89.

Pfammatter, Mario/Tschacher, Wolfgang (2012): Wirkfaktoren der Psychotherapie – eine Übersicht und Standortbestimmung. Zeitschrift für Psychiatrie, Psychologie und Psychotherapie (ZPPP), 60, S. 67-76.

Philips, Maggie/Frederick, Claire (2015): Handbuch der Hypnotherapie bei posttraumatischen und dissoziativen Störungen. 3. Auflage. Heidelberg: Carl-Auer Verlag, S. 46-57.

Piccione, Carlo/Hilgard, Ernest R./Zimbardo, Philip G. (1989): On the degree of stability of measured hypnotizability over a 25-year period. Journal of Personality and Social Psychology, 56, S. 289-295.

Pinsof, William M./Wynne, Lyman C. (1995): The effectiveness and efficacy of marical and family therapy. An empircal overview, conclusions, and recommendations. Journal of Marital and Family Therapy, 21(4), S. 586-613.

Pipam, Wolfgang (2007): Entspannungsverfahren in der Schmerztherapie unter besonderer Berücksichtigung des Biofeedback. In: Bernatzky, Günther/Likar, Rudolf/Wendtner, Franz/Wenzel, Gerhard/Aussenwinkler, Michael/Sittl, Reinhard (Hrsg.) (2007): Nichtmedikamentöse Schmerztherapie. Komplementäre Methoden in der Praxis. Heidelberg: Springer-Verlag, S. 99.

Prade, Tanja/Geiger, Emilia/Peter, Burkhard (2014): Persönlichkeitsstile und Studien- bzw. Berufswünsche jugendlicher Schüler und Schülerinnen, die sich für Hypnose interessieren. Hypnose – Zeitschrift für Hypnose und Hypnotherapie (Hypnose-ZHH), 9(1+2), S. 45-67.

Preusker, Uwe K. (Hrsg.) (2011): Das deutsche Gesundheitswesen in 100 Stichworten. Heidelberg: medhochzwei, S. 51.

Psychotherapiegesetz. Bundesgesetz vom 7. Juni 1990 über die Ausübung der Psychotherapie (BGBl. Nr. 361/1990). In: Morschitzky, Hans (2006): Psychotherapie Ratgeber. Ein Wegweiser zur seelischen Gesundheit. Heidelberg: Springer-Verlag, S. 23.

Racker, Heinrich (2002): Übertragung und Gegenübertragung. Studien zur psychoanalytischen Technik. 6. Auflage. München: Ernst Reinhardt Verlag, S. 71-86.

Rainville, Piere/Hofbauer, Robert K./Duncan, Gary H. (2002): Hypnosis modulates the acticity in brain structures involved in consciousnees. Journal of Cognitive Neuroscience, 14, S. 887-901.

Rauscher, Matthias (2016): Hypnose wirkt! Heidelberg: Springer-Verlag, S. 130.

Ray, William J./Mikuteit, Angelika/Bongartz, Walter/Elbert, Thomas (2002): High resolution EEG indicators of pain responses in relation to hypnotic susceptability and suggestion. Biology and Psychology, 60(1), S. 17-36.

Raz, Amir/Fan, Jin/Posner, Michael I. (2005): Hypnotic suggestion reduces conflict in the human brain. Proceedings of the National Academy of Sciences, 102(28), S. 9978-9983.

Raz, Amir (2005): Attention and hypnosis. Neural substrates and genetic accociations of two converging processes. International Journal of Clinical and Experimental Hypnosis, 53(2), S. 237-258.

Reimer, Christian (2015): Probleme der Lebensqualität von Psychotherapeuten. In: Kernberg, Otto F./Dulz, Birger/Eckert, Jochen (Hrsg.) (2015): Wir: Psychotherapeuten über sich und ihren »unmöglichen« Beruf. 3. Nachdruck 2015 der Sonderausgabe 2013. Stuttgart: Schattauer GmbH, Verlag für Medizin und Naturwissenschaften, S. 94-100.

Reimer, Christian/Rüger, Ulrich (2012): Psychodynamische Psychotherapien. Lehrbuch der tiefenpsychologisch fundierten Psychotherapieverfahren. 4. Auflage. Heidelberg: Springer-Verlag, S. 4.

Reimer, Christian (2007): Ethische Aspekte in der Psychotherapie. In: Reimer, Christian/Eckert, Jochen/Hautzinger, Martin/Wilke, Eberhard (2007): Psychotherapie. Ein Lehrbuch für Ärzte und Psychologen. Heidelberg: Springer-Verlag, S. 752.

Rettenbach, Regina/Christ, Claudia (2013): Die Psychotherapie-Prüfung. Kompaktkurs zur Vorbereitung auf die Approbationsprüfung nach dem Psychotherapeutengesetz mit Kommentar zum IMPP-Gegenstandskatalog. 3. Auflage. Stuttgart: Schattauer GmbH, Verlag für Medizin und Naturwissenschaften, S. 252-287.

Revenstorf, Dirk (2017): Hypnotherapie und Hypnose. Handwerk der Psychotherapie, Band 8. Tübingen: Psychotherapie-Verlag, S. 24-120.

Revenstorf, Dirk (2015a): Trance und die Ziele und Wirkungen der Hypnotherapie. In: Revenstorf, Dirk/Peter, Burkhard (Hrsg.) (2015): Hypnose in Psychotherapie, Psychosomatik und Medizin. Manual für die Praxis. 3. Auflage. Heidelberg: Springer-Verlag, S. 15-33.

Revenstorf, Dirk (2015b): Schlussdiskussion. In: Revenstorf, Dirk/ Peter, Burkhard (Hrsg.) (2015): Hypnose in Psychotherapie, Psychosomatik und Medizin. Manual für die Praxis. 3. Auflage. Heidelberg: Springer-Verlag, S. 854-857.

Revenstorf, Dirk/Durian, Rolf (2015): Wirkung und Nutzung der Beziehung in der Hypnotherapie. In: Revenstorf, Dirk/Peter, Burkhard (Hrsg.) (2015): Hypnose in Psychotherapie, Psychosomatik und Medizin. Manual für die Praxis. 3. Auflage. Heidelberg: Springer-Verlag, S. 58-79.

Revenstorf, Dirk/Peter, Burkhard (Hrsg.) (2015a): Hypnose in Psychotherapie, Psychosomatik und Medizin. Manual für die Praxis. 3. Auflage. Heidelberg: Springer-Verlag, S. XIII.

Revenstorf, Dirk/Peter, Burkhard (2015b): Kontraindikationen, Bühnenhypnose und Willenlosigkeit. In: Revenstorf, Dirk/Peter, Burkhard (Hrsg.) (2015): Hypnose in Psychotherapie, Psychosomatik und Medizin. Manual für die Praxis. 3. Auflage. Heidelberg: Springer-Verlag, S. 126-148.

Revenstorf, Dirk (2014): Wie heilt Hypnose? Suggestionen. Zeitschrift der DGH 2014, S. 1.

Revenstorf, Dirk (2012): Hypnotherapie: Neurobiologie und Wirksamkeit und klinische Anwendung. Psychodynamische Psychotherapie, 11(3), S. 139.

Revenstorf, Dirk (2011): Schaden durch Hypnose. Hypnose – Zeitschrift für Hypnose und Hypnotherapie (Hypnose-ZHH), 6, S. 141-160.

Revenstorf, Dirk (2009): Klinische Hypnose. In: Margraf, Jürgen/Schneider, Silvia (Hrsg.) (2009): Lehrbuch der Verhaltenstherapie. Band 1. Grundlagen, Diagnostik, Verfahren, Rahmenbedingungen. 3. Auflage. Heidelberg: Springer-Verlag, S. 531-549.

Revenstorf, Dirk (2005): Hypnotherapie zwischen Professionalität und Show. Psychotherapie im Dialog, 6(2), S. 175-179.

Revenstorf, Dirk (1985): Kritik der Struktur der Magie. In: Peter, Burkhard (Hrsg.) (1994): Hypnose und Hypnotherapie nach Milton H. Erickson. Grundlagen und Anwendungsfelder. München: J. Pfeiffer Verlag, S. 238-270.

Richter-Appelt, Hertha (2015): Sexualität und Psychotherapeuten. In: Kernberg, Otto F./Dulz, Birger/Eckert, Jochen (Hrsg.) (2015): Wir: Psychotherapeuten über sich und ihren »unmöglichen« Beruf. 3. Nachdruck 2015 der Sonderausgabe 2013. Stuttgart: Schattauer GmbH, Verlag für Medizin und Naturwissenschaften, S. 146.

Rieber-Hunscha, Inge (2004): Das Beenden der Psychotherapie. Trennung in der Abschlussphase. Stuttgart: Schattauer GmbH, Verlag für Medizin und Naturwissenschaften, S. VII, 203-205.

Riedler-Singer, Renate (2005): Behandlungsfehler in der Psychotherapie. PiD - Psychotherapie im Dialog, 6(2), S. 162-165.

Rogers, Carl R. (2004): Therapeut und Klient. Grundlagen der Gesprächspsychotherapie. 18. Auflage. Fischer Verlag, S. 23-33.

Rominger, Michael (1995): Metaanalyse der Hypnotherapie. Diplomarbeit, Psychologisches Institut der Universität Tübingen. In: Revenstorf, Dirk/Peter, Burkhard (Hrsg.) (2015): Hypnose in Psychotherapie, Psychosomatik und Medizin. Manual für die Praxis. 3. Auflage. Heidelberg: Springer-Verlag, S. 116.

Rose, Nina/Walach, Harald (2009): Die historischen Wurzeln der Achtsamkeitsmeditation – Ein Exkurs in Buddhismus und christliche Mystik. In: Heidenreich, Thomas/Michalak, Johannes (Hrsg.) (2009): Achtsamkeit und Akzeptanz in der Psychotherapie. Ein Handbuch. 3. Auflage. Tübingen: DGVT-Verlag, S. 27.

Rossi, Ernest L. (1996): Gesammelte Schriften von Milton H. Erickson. Band 2. Indirekte Suggestion und Gefahren der Hypnose. Heidelberg: Carl-Auer-Systeme, S. 220.

Roth, Gerhard/Ryba, Alica (2016): Coaching, Beratung und Gehirn. Neurobiologische Grundlagen wirksamer Veränderungskonzepte. 2. Auflage. Stuttgart: Klett-Cotta Verlag, S. 275.

Rotter, Julian B. (1966): Generalized expectancies for internal versus external control of reinforcement. Psychological Monographs, 80, S. 1-28.

Roudinesco, Elisabeth/Plon, Michael (2012): Wörterbuch der Psychoanalyse. Namen, Länder, Werke, Begriffe. Reprint (Neudruck), 2004. Heidelberg: Springer-Verlag, S. 510.

Rudolf, Gerd (2014): Psychodynamische Psychotherapie: Die Arbeit an Konflikt, Struktur und Trauma. 2. Auflage. Stuttgart: Schattauer GmbH, Verlag für Medizin und Naturwissenschaften, S. 59-213.

Rüegg, Johann Caspar (2010): Gehirn, Psyche und Körper. Neurobiologie von Psychosomatik und Psychotherapie. 5. Auflage. Stuttgart: Schattauer GmbH, Verlag für Medizin und Naturwissenschaften, S. 113.

Rüger, Bernhard (1994): Kritische Anmerkungen zu den statistischen Methoden in Grawe, Donati und Bernauer: „Psychotherapie im Wandel. Von der Konfession zur Profession". Zeitschrift für Psychosomatische Medizin und Psychoanalyse, 40(4), S. 368-383.

Sachse, Rainer (2015): Therapeutische Beziehungsgestaltung. 2. Auflage. Göttingen: Hogrefe Verlag, S. 12-20.

Sachse, Rainer (1997): Persönlichkeitsstörungen. Psychotherapie dysfunktionaler Interaktionsstile. Göttingen: Hogrefe Verlag, S. 141-142.

Schanze, Christian (2013): Psychiatrische Diagnostik und Therapie bei Menschen mit Intelligenzminderung. Ein Arbeits- und Praxisbuch für Ärzte, Psychologen, Heilerziehungspfleger und -pädagogen. 2. Auflage. Stuttgart: Schattauer GmbH, Verlag für Medizin und Naturwissenschaften, S. 100.

Schauenburg, Henning (2016): Übertragungsdeutung. Eine wichtige Technik in allen Therapieformen. PiD - Psychotherapie im Dialog, 17(02), S. 10-11.

Schiepek, Günter (2014): Der psychotherapeutische Prozess unter der Perspektive der Theorie komplexer Systeme: eine Einführung. In: Sammet, Isa/Dammann, Gerhard/Schiepek, Günter (Hrsg.) (2014): Der psychotherapeutische Prozess. Forschung für die Praxis. Stuttgart: Kohlhammer Verlag, S. 18.

Schleu, Andrea (2014): Sexuelle Übergriffe in der Psychotherapie. Prävention, Beratung und Lösungsansätze. PiD - Psychotherapie im Dialog, 15(01), S. 54-57.

Schlüter, Thomas (2015): Was benötigt eine Verhaltenstherapie zum Gelingen – und ist das noch Verhaltenstherapie?. In: Kernberg, Otto F./Dulz, Birger/Eckert, Jochen (Hrsg.) (2015): Wir: Psychotherapeuten über sich und ihren »unmöglichen« Beruf. 3. Nachdruck 2015 der Sonderausgabe 2013. Stuttgart: Schattauer GmbH, Verlag für Medizin und Naturwissenschaften, S. 323.

Schmidt, Gunther (2017): Liebesaffären zwischen Problem und Lösung. Hypnosystemisches Arbeiten in schwierigen Kontexten. Heidelberg: Carl-Auer Verlag, S. 156-157.

Schmidt, Gunther (2016): Einführung in die hypnosystemische Therapie und Beratung. 7. Auflage. Heidelberg: Carl-Auer Verlag, S. 12-13.

Schmidt-Lellek, Christoph (2005): Das Übersehen der Grenzen. Gefährdungen und Deformationen der therapeutischen Haltung. PiD - Psychotherapie im Dialog, 6(2), S. 157-161.

Schnyer, David M./Allen, John J. (1995): Attention-related electroencephalographic and event-related potential predictors of responsiveness to suggested posthypnotic amnesia. International Journal of Clinical and Experimental Hypnosis, 43(3), S. 295-315.

Scholz, Oskar B./Bleek, Benjamin/Schlien, Annette (2008): Suggestionen, die erst nach der Hypnose wirken sollen: Präsentation einer Posthypnose-Aufgabe. Hypnose – Zeitschrift für Hypnose und Hypnotherapie (Hypnose-ZHH), 3(1+2), S. 117.

Scholz, Oskar B. (2005): Hypnose als psychotherapeutische Methode. Ergebnisse der psychologischen Psychotherapieforschung. Psychotherapeutenjournal, 4(1), S. 27-32.

Schütz, Gerhard (1997): Hypnose in der Praxis. Über das Phänomen der Trance. 3. Auflage. Paderborn: Junfermann Verlag, S. 119.

Schulz-Stübner, Sebastian (2007): Praktische Hypnose. In: Schulz-Stübner, Sebastian (Hrsg.) (2007): Medizinische Hypnose. Grundlagen und Behandlungstechnik. Stuttgart: Schattauer GmbH, Verlag für Medizin und Naturwissenschaften, S. 60-61.

Schwanenberg, Enno (2000): Suggestion als sozialpsychologisches Alltagsphänomen. Experimentelle und klinische Hypnose, 16(1), S. 35-53.

Schwing, Rainer/Fryszer, Andreas (2013): Systemische Beratung und Familientherapie. Kurz, bündig, alltagstauglich. 2. Auflage. Göttingen: Vandenhoeck & Ruprecht, S. 24.

Senf, Wolfgang/Broda, Michael (2011): Was ist Psychotherapie? In: Senf, Wolfgang/Broda, Michael (Hrsg.) (2011): Praxis der Psychotherapie. Ein integratives Lehrbuch. 5. Auflage. Stuttgart: Thieme Verlag, S. 5.

Serban, Ionela L./Padurariu, Manuela/Ciobica, Alin/Cojacaru, Dumitru/Lefter, Radu (2013): The role of hypnosis and related techniques in insomnia. Archives of Biological Sciences, 65(2), S. 507-510.

Sheehan, Peter W./Perry, Campbell (1976): Methodologies of hypnosis. A critical appraisal of contemporary paradigms of hypnosis. Hillsdale, New Jersey: Lawrence Erlbaum Associates, S. 55.

Shih, Miaozun/Yang, Yuan-Han/Koo, Malcolm (2009): A meta-analysis of hypnosis in the treatment of depressive symptoms. A brief communication. International Journal of Clinical and Experimental Hypnosis, 57(4), S. 431-442.

Shor, Ron/Thackray, Richard I. (1970): A program of research in „highway hypnosis". A preliminary report. Accident Analysis and Prevention, 2(2), S. 103-109.

Siegel, Daniel J. (2012): Der achtsame Therapeut. Ein Leitfaden für die Praxis. München: Kösel-Verlag, S. 93-95.

Signer-Fischer, Susy (2015): Störungsbilder bei Kindern und Jugendlichen. In: Revenstorf, Dirk/Peter, Burkhard (Hrsg.) (2015): Hypnose in Psychotherapie, Psychosomatik und Medizin. Manual für die Praxis. 3. Auflage. Heidelberg: Springer-Verlag, S. 750-759.

Signer-Fischer, Susy (2012): Hypnotherapeutische Methoden der Traumatherapie im Kindesalter. In: Landolt, Markus A./Hensel, Thomas (Hrsg.) (2012): Traumatherapie bei Kindern und Jugendlichen. 2. Auflage. Göttingen: Hogrefe Verlag, S. 243.

Sollberger, Daniel (2008): Beziehungsarbeit aus Sicht der in der Psychiatrie tätigen Berufsgruppen. In: Küchenhoff, Joachim/Mahrer Klemperer, Regine (Hrsg.) (2008): Psychotherapie im psychiatrischen Alltag. Die Arbeit an der therapeutischen Beziehung. Stuttgart: Schattauer GmbH, Verlag für Medizin und Naturwissenschaften, S. 42.

Sonnenmoser, Marion (2013): Berufsalltag und Psychohygiene. Schwierige Situationen in der Therapie. Deutsches Ärzteblatt PP 12, 4, S. 166-167.

Spanos, Nicholas P. (1991): Imagery, hypnosis and hypnotizability. In: Kunzendorf, Robert G. (Hrsg.) (1991): Mental Imagery. New York: Plenum Press, S. 79-88.

Stein, Barbara/Köllner, Volker (2012): Die Kunst der Kurzzeittherapie. In: Stein, Barbara/Köllner, Volker (Hrsg.) (2012): PiD - Psychotherapie im Dialog. Kurzzeittherapie. Stuttgart: Thieme Verlag, S. 1.

Stephan, Siegfried (2003): Hypnosetherapie in der Praxis. Leitfaden zur Fort- und Weiterbildung für Ärzte und Psychotherapeuten. Köln: Deutscher Ärzte-Verlag, S. 4-93.

Stocksmeier, Uwe (1984): Lehrbuch der Hypnose. 4. Auflage. Basel: Karger Verlag, S. 47-127.

Strauss, Billie S. (2001): Operator variables in hypnotherapy. In: Lynn, Steven J./Rhue, Judith W./Kirsch, Irving (Hrsg.) (2001): Handbook of clinical hypnosis. Washington: American Psychological Association, S. 55-72.

Strupp, Hans Hermann (1999): Können PaktikerInnen von der Forschung lernen?. In: Petzold, Hilarion/Märtens, Michael (1999): Wege zu effektiven Psychotherapien. Psychotherapieforschung und Praxis. Band 1. Modelle, Konzepte, Settings. Opladen: Leske + Budrich Verlag, S. 14-15.

Sühnel, Sabine (2007): Erickson. Von der Theorielosigkeit zur Theorie. Hypnose, Band 2(1-2), S. 155-173.

Thomä, Helmut/Kächele, Horst (2006): Psychoanalytische Therapie. Grundlagen. 3. Auflage. Heidelberg: Springer Verlag, S. 61-62.

Vaitl, Dieter (2012): Veränderte Bewusstseinszustände: Grundlagen - Techniken - Phänomenologie. Stuttgart: Schattauer GmbH, Verlag für Medizin und Naturwissenschaften, S. 255.

Van Dyck, Richard/Spinhoven, Philip (1997): Does preference for type of treatment matter? A study of exposure in vivo with or without hypnosis in the treatment of panic disorder with agoraphobia. Behavior Modification, 21, S. 86-172.

Varga, Katalin/Kerkecs, Zoltán (2014): Oxytocin and cortisol in the hypnotic interaction. International Journal of Clinical and Experimental Hypnosis, 62(1), S. 111-128.

Varga, Katalin/Bányai Éva L./Vágó, Péter/Gössi-Greguss, Anna C./Horváth, Robert (1988): International approach to the understanding of hypnosis. Subjective experiences. Paper readat. 11th International Congress of Hypnosis and Psychosomatic Medicine. Den Haag: 13. - 19.8.1988. In: Kossak, Hans-Christian (2013): Hypnose. Lehrbuch für Psychotherapeuten und Ärzte. 5. Auflage. Weinheim: Beltz Verlag, S. 147.

Völkel, Henner (2015): Der Psychotherapeut und sein Narzissmus. In: Kernberg, Otto F./Dulz, Birger/Eckert, Jochen (Hrsg.) (2015): Wir: Psychotherapeuten über sich und ihren »unmöglichen« Beruf. 3. Nachdruck 2015 der Sonderausgabe 2013. Stuttgart: Schattauer GmbH, Verlag für Medizin und Naturwissenschaften, S. 285-286.

von Sydow, Kirsten (2012): Evaluationsforschung zur Wirksamkeit systemischer Psychotherapie. In: Ochs, Matthias/Schweitzer, Jochen (Hrsg.) (2012): Handbuch Forschung für Systemiker. Göttingen: Vandenhoeck & Ruprecht, S. 108.

Wais, Katharina/Revenstorf, Dirk (2008): Metaanalyse zur Wirksamkeit der Hypnotherapie. Elf kontrollierte Studien zu verschiedenen Störungen. Hypnose – Zeitschrift für Hypnose und Hypnotherapie (Hypnose-ZHH), 3(1+2), S. 57-68.

Wallace, Benjamin (1993): Day persons, night persons and variability in hypnosis susceotibility. Journal of Personality and Social Psychology, 64, S. 827-833.

Warschburger, Petra (2009): Beratungsprozess. In: Warschburger, Petra (Hrsg.) (2009): Beratungspsychologie. Heidelberg: Springer-Verlag, S. 70.

Weck, Florian (2013): Psychotherapeutische Kompetenzen. Theorien – Erfassung – Förderung. Heidelberg: Springer-Verlag, S. 18.

Weitzenhoffer, André M. (1989): Betrachtung der Hypnotisierbarkeit. Mehr als dreißig Jahre später. Experimentelle und klinische Hypnose, 5(1), S. 63-74. In: Revenstorf, Dirk/Peter, Burkhard (Hrsg.) (2015): Hypnose in Psychotherapie, Psychosomatik und Medizin. Manual für die Praxis. 3. Auflage. Heidelberg: Springer-Verlag, S. 114.

Weitzenhoffer, André M. (1980): What did he (Bernheim) say? A postscript and an addendum. International Journal of Clinical and Experimental Hypnosis, 18(3), S. 252-260.

Wehrli, Hans (2014): Hypnotic communication and hypnosis in clinical practice. Praxis (Bern 1994), 103(4), S. 833-839.

Williams, John D./Gruzelier, John H. (2001): Differentiation of hypnosis and relaxation by analysis of narrow band theta and alpha frequencies. International Jorunal of Clinical and Experimental Hypnosis, 49(3), S. 185-206.

Wirth, Hans-Jürgen (2005): Gurutum und Machtmissbrauch in der Psychotherapie. PiD - Psychotherapie im Dialog, 6(2), S. 136-140.

Wissenschaftlicher Beirat Psychotherapie nach § 11 Psychthg (2006): Gutachten zur wissenschaftlichen Anerkennung der Hypnotherapie. Hypnose – Zeitschrift für Hypnose und Hypnotherapie (Hypnose-ZHH), 1, S. 165-172.

Wittek, Rainer (2006): Hypnose – Schlüssel zur Seele. Aus dem Alltag eines Psychotherapeuten. Stuttgart: Schattauer GmbH, Verlag für Medizin und Naturwissenschaften, S. 3.

Wöller, Wolfgang (2013): Trauma und Persönlichkeitsstörungen. Ressourcenbasierte Psychodynamische Therapie (RPT) traumabedingter Persönlichkeitsstörungen. 2. Auflage. Stuttgart: Schattauer GmbH, Verlag für Medizin und Naturwissenschaften, S. 446.

Wöller, Wolfgang/Kruse, Johannes (2011): Psychodynamische Psychotherapieverfahren. In: Senf, Wolfgang/Broda, Michael (Hrsg.) (2011): Praxis der Psychotherapie. Ein integratives Lehrbuch. 5. Auflage. Stuttgart: Thieme Verlag, S. 195.

Woitowitz, K./Peter, Burkhard/Revenstorf, Dirk (1999): Zur Praxis der Hypnotherapie. Eine Befragung von Hypnotherapeutinnen und Hypnotherapeuten der M.E.G.. Psychotherapeuten Forum Praxis und Wissenschaft, 6(6), S. 9-13. In: Revenstorf, Dirk/Peter, Burkhard (Hrsg.) (2015): Hypnose in Psychotherapie, Psychosomatik und Medizin. Manual für die Praxis. 3. Auflage. Heidelberg: Springer-Verlag, S. 33.

Wolberg, Lewis R. (1982): Hypnosis: Is it for You?. New York: Dembner Books. In: Kossak, Hans-Christian (2013): Hypnose. Lehrbuch für Psychotherapeuten und Ärzte. 5. Auflage. Weinheim: Beltz Verlag, S. 289.

Yapko, Michael D. (2012): Trancework. An Introduction to the Practice of Clinical Hypnosis. 4. Auflage. New York: Taylor & Francis Group, S. 22-23.

Zaudig, Michael/Trautmann, Rolf D./Pielsticker, Anke (2007): Entspannungsverfahren. In: Möller, Hans-Jürgen/Laux, Gerd/Kapfhammer, Hans-Peter (Hrsg.) (2007): Psychiatrie und Psychotherapie. Band 1. Allgemeine Psychiatrie. 3. Auflage. Heidelberg: Springer-Verlag, S. 787-792.

Zeig, Jeffrey K. (2015): Hypnotische Induktionen. Das Hervorrufen von Ressourcen und Potenzialen in Trance. Heidelberg: Carl-Auer Verlag, S. 49-191.

Zeig, Jeffrey K. (2005): Einzelunterricht bei Erickson. 2. Auflage. Heidelberg: Carl-Auer Verlag, S. 62.

Zeig, Jeffrey K./Rennick, Peter J. (1991): Ericksoninan Hypnotherapie. A communications approach to hypnosis. In: Lynn, Steven J./Rhue, Judith W. (Hrsg.) (1991): Theories of hypnosis. Current models and perspectives. New York: Guilford Press, S. 275-300.

Zeig, Jeffrey K. (1988): An Ericksoninan phenomenological approach to therapeutic hypnotic induction and symptom utilization. In: Zeig, Jeffrey K./Lankton, Stephen R. (Hrsg.) (1988): Developing Ericksonian therapy. State of the art. New York: Brunner/Mazel, S. 353-375.

Zeyner, Reinhold (2012): Hypnotherapeutische Strategien bei akutem und chronischem Stress. Heidelberg: Carl-Auer Verlag, S. 53.

Internetquellen

Barnes, Jo/Dong, Christine Y./McRobie, Hayden/Walker, Natalie/Metha, Monaz/Stead, Lindsay F. (2010): Hypnotherapy for smoking cessation. The Cochrane Database of Systematic Reviews, 6(10): CD001008. URL: https://www.ncbi.nlm.nih.gov/pubmed/20927723 (Abruf am 01.07.2017)

Bundespsychotherapeutenkammer (BPtK) (2011): BPtK-Studie zu Wartezeiten in der ambulanten psychotherapeutischen Versorgung. Umfrage der Landespsychotherapeutenkammern und der BPtK. URL: http://www.bptk.de/uploads/media/110622_BPtK-Studie_Langfassung_Wartezeiten-in-der-Psychotherapie_01.pdf (Abruf am 09.06.2017)

Bundespsychotherapeutenkammer (BPTK) (2017): Wer übernimmt die Kosten? URL: http://www.bptk.de/patienten/wege-zur-psychotherapie/wer-uebernimmt-die-kosten.html (Abruf am 11.06.2017)

Kassenärztliche Vereinigung Hamburg (Hrsg.) (2017): Psychotherapie. Strukturreform in der Psychotherapie. Ein Überblick. URL: http://www.kvhh.net/media/public/db/media/1/2012/01/368/strukturreforminderpsychotherapie-broschuere_druck_2017_6.pdf (Abruf am 10.06.2017)

Revenstorf, Dirk (2013): Posthypnotische Suggestionen. URL: http://www.meg-tuebingen.de/downloads/2013%20Posthypnotische%20Suggestionen.pdf (Abruf am 12.06.2017)

Revenstorf, Dirk (2003): Expertise zur Beurteilung der wissenschaftlichen Evidenz des Psychotherapieverfahrens Hypnotherapie. URL: http://www.meg-tuebingen.de/downloads/Expertise.pdf (Abruf am 12.06.2017)

Robert Koch Institut (RKI) (2012) (Hrsg.): Die Gesundheit von Erwachsenen in Deutschland. URL: https://www.rki.de/DE/Content/Gesundheitsmonitoring/Studien/Degs/degs_w1/degs_info_broschuere.pdf?__blob=publicationFile (Abruf am 09.06.2017)

Die Autorin

 Angela Klein, Sozialpädagogin M.A. und Hypnotherapeutin, wurde 1983 in Viersen geboren. Nach ihrem Bachelorstudium der Sozialen Arbeit an der Hochschule Niederrhein in Mönchengladbach nahm sie dort das Masterstudium „Psychosoziale Beratung und Mediation" auf und schloss es im Jahr 2017 erfolgreich ab. Die Autorin absolvierte bereits vor ihrem Studium eine Fernausbildung zur Psychologischen Beraterin und Drehbuchautorin sowie den Fernlehrgang Psychotherapie beim Institut für Lernsysteme in Hamburg. Sie sammelte vor und während ihres Studiums praktische Erfahrungen u. a. im ambulanten Hospizdienst, im Allgemeinen Sozialen Dienst (ASD) und beim Psychotherapeutischen Gruppendienst der LVR-Klinik Viersen. Seit fast 15 Jahren ist die Autorin fasziniert von der Hypnose und ließ sich im Jahr 2015 am TherMedius-Institut in Köln zur Hypnotherapeutin ausbilden. Ihr besonderes Interesse an der Hypnose und an der Psychotherapie motivierte sie, sich der Thematik „Hypnose in der Psychotherapie" zu widmen. Seit dem Sommer 2017 absolviert die Autorin bei der Rheinischen Akademie für Psychotherapie und Verhaltensmedizin (RHAP), Ausbildungszentrum der Deutschen Gesellschaft für Verhaltenstherapie (DGVT), in Krefeld eine staatlich anerkannte Ausbildung zur Kinder- und Jugendlichenpsychotherapeutin mit Vertiefung in Verhaltenstherapie. Die Autorin hat im Jahr 2015 bereits das Buch „Paartherapie als Chance: Beziehungskonflikte verstehen, Krisen bewältigen" beim Diplomica Verlag veröffentlicht.